認知稅

COGNITION TAX

戒除玻璃心和迷之自信
別一輩子為自己的以為買單

前言——

沒有成功不是因為笨，是你繳了太多認知稅

哲學家叔本華說：「世界上最大的監獄，是人的思維意識。」我們每個人都被自己的思維牢牢地禁錮著。

如果仔細回想我們以往犯過的錯誤，或者失去的各種機會，你就會發現：絕大多數過失，都是由我們自己的「認知局限」帶來的，不是別人蓄意破壞的，更不是環境造成的。所以人的一生，就是不斷地對抗自己認知局限的過程。

人的認知一旦得到突破，思維就會被徹底打開，不僅可以看到一個更加透徹、真實的世界，還能一眼看到本質，瞬間抓住要點，更容易處理複雜的事情、輕鬆駕馭生活。

無論是在生活中還是工作中，認知水準高的人能一眼看穿全局，比認知低的人先主導全局。認知水準越高的人，看事情就能越客觀，他們遵從本質和規律辦事，因而能夠做出更有利的選擇，也更容易成功。認知水準越低的人，看事情越主觀，容易被表象所迷惑，容易有偏見，喜歡盲從，也更容易失敗。就像電影《教父》裡說的，在一秒鐘內看到事情本質的人，和半輩子也看不清事情本質的人，自然是不一樣的命運。

未來不是人賺錢，而是錢找人。未來只靠產品賺錢會越來越難，因為隨著人類生產效率的提高，到一定程度之後，有形產品只是文化的附屬。認知就是未來社會的「精神高地」，無形的東西將越來越能決定有形的東西。財富會流向最匹配它的人，就是那些認知水準高的人。未來，你擁有多少「認知資本」，就決定了你擁有多少財富。

其實，人的一生都在為自己的認知買單。你所賺的每一分錢，都是你對這個世界認知的變現；你所虧的每一分錢，都是因為對這個世界認知有缺陷而造成的。你永遠賺不到超出你認知範圍之外的錢，除非靠運氣，但是靠運氣賺到的錢，最後往往又會靠實力虧掉，這是一種必然。因此，未來最好的投資，就是對自己認知的投資。

為什麼認知水準低的人容易被矇騙呢？比如，假如有人對你說：你只要給我一百元，我就教你馬上能賺到一千元的方法。你願不願意？我相信絕大多數人都會願意，因為馬上就能賺錢，多麼實際的方案，當然需要啊。可是當你把一百元交給他的時候，他會告訴你：馬上去找十個像你一樣的人。

看似如此合理，卻又如此荒唐，這就是傳銷和很多騙局的本質。對於賺錢來說，一般都是內行人賺外行人的錢。而對於騙局來說，一般都是高認知的人能騙到低認知的人。當一個人講的每一句話，都沒有超出你的認知範圍時，他永遠矇騙不了你。相反地，當一個人講的話，句句都讓你感覺如夢初醒、醍醐灌頂時，你就很容易會被他牽著走。

那麼，有知識、有文化、有學歷的人就一定有高認知嗎？未必！很多讀到博士的人，照樣輕而易舉地被人騙，因為有知識的人並不一定有才華，有才華的人並不一定有智慧。認知的本質是智慧，它比知識高了兩個層次。

那些在龐氏騙局（Ponzi scheme）上的接盤者，其認知水準往往都比較低，他們的認知根本不足以駕馭自身所擁有或繼承的財富。財富只留給配得上它的人。當一個人的認知和財富不匹配的時候，社會就有很多種方法對其擁有的財富進行收割。

認知資本，是未來社會的核心資本。毫不誇張地說，未來的競爭，其實都是搶占「認知高地」的競爭。在未來社會中，認知水準高的人會掌握更多的資源，收穫更多的財富。他們利用掌握的資源和工具，不斷反覆運算自己的認知，不斷攀登和占領認知高地。

認知水準越低的人，往往越固執，越自以為是。如果不能及時改變自己的思維方式，增加自己的知識儲備，自我認知就會愈發受到局限，很容易讓自己走進死胡同，止步不前。提升自我「認知資本」，是人生逆襲的根本，也是謹防被收割的根本。不過，在最後，我仍然想提醒大家：

人生最難得的，不是你翻越認知障礙之後看到了真正的風景。
人生最難得的，是當你「一覽眾山小」之後，還能守住那顆初心。
善良如初，天真依舊。

目次

第2章

思想上的超越要勝過物質

價格，是你所付出的；價值，是你所獲得的。

第3章

挑戰你的舊有信念

存活下來的並不是最聰明的物種，也不是最強大的物種，而是身處多變環境中，最能應變與適應的物種。

第4章 未來競爭的內修學分

預測未來最可靠的方法是了解現在。

第5章 人性課外課

越是理解自己和他人，就越能有更好的生活。

第6章 敢於改變，就能看到路徑

未來內建於當下。

第7章

流量主宰的營銷未來

我們總是高估未來二年會發生的改變，低估了未來十年將發生的改變。

The greatest enemy of knowledge is not ignorance,
it is the illusion of knowledge.

——史帝芬・霍金（ Stephen Hawking ）

第 1 章

什麼正在阻礙你成為升級？

知識最大的敵人不是無知，而是擁有知識的幻覺。

每個人都將為自己的恐懼、欲望及偏見，付出代價。
認知稅，將成為這個世界上最昂貴的稅種。

訊息不等於主見

一個人在人生中是否有方向，光靠知識多寡還不夠，更重要的或許是對人事物的想法和理解深度。像聽人說話，有人只聽到表面字句，有人卻聽出了語氣、動機和目的。事物多半不只一個面向，而是有不同的角度與層次，而能看得見表層底下層層涵意的，往往比別人更能做出正確一點的判斷。

區分有效訊息和有毒訊息

人人都有想法，人人都在發表自己的看法，但這並不代表人人都有「主見」。很多人遇到問題時，內心會有很多疑惑，猶豫不決，他們很容易被有主見的人帶著走。或者他們總是被自己的情緒和偏見所操控，聽不進別人的意見，活在自己狹隘的世界裡。無論得到什麼資訊，容易直接吸收內化，不懂得過濾，更不會分辨資訊的真偽。

主見需要建立在強大的獨立思考能力之上，它是在經驗、學識等基礎上，形成的綜合邏輯判斷能力。在網際網路時代，人最需要主見來自我分析，和處理龐雜的網路資訊。一個沒有主見的人，只會在資訊的汪洋大海裡隨波逐流，迷失自我。

缺乏能力的人，沉浸在自我營造的虛幻優勢中，常常高估自己的能力水準，卻無法客觀評價他人的能力。有主見的人，心明如鏡，做事果敢，當機立斷，執行能力強，這是當下時代必備的基本素質之一。

有主見的人，才能發現和自己主見不同的人，從而找到自己沒有的特質，並能接納這種不同，這需要智慧和勇氣。發現不同才能發現矛盾，一陰一陽謂之道，孤陰不生，獨陽不長，同時把握住陰和陽兩個對立面，讓陰陽兩面達成平衡與和解的局面，才能解決問題。

學習從不同的立場思考和表達

君子和而不同，那些能夠接納和自己主見不同的人，體現的是一種格局，更是一種智慧。橫看成嶺側成峰，遠近高低各不同，彼此不一樣沒關係：「道並行而不相悖」，只要能互相尊重，各行其是也是可以的。互補的兩個人聚在一起，就是兩個字：「和諧」。

但是，很多人到了這一層就無法提升了，因為他們內心，總是不能做到尊重和自己主見不同的人，也正是因此，他們無法變得更包容、更強大。

找到和自己主見不同的人，應該如何取長補短？人的內心深處都有一種「自我認可」的機制，絕大多數人都會在大腦裡搜尋證據，來表明自己才是正確的，而別人都是錯誤的、荒謬的，這是人性的一種普遍表現。

而格局大的人，懂得把自己的姿態放低，用謙卑的心態學習，善於取長補短，或者有意識地強化自己某方面的認知或能力。人的認知層次到了這一層，已經算是人才了。

懂得取長補短的道理，接下來就是創造性運用了。有不同就會有碰撞，有碰撞才能激盪出新的事物。能夠尊重不同事物，並且主動大膽地去改變自己的人，才有可能取得創造性的成果！

趙武靈王推行胡服騎射，讓中原人穿胡人的服裝，騎上戰馬，學習在馬上射箭，再結合中原先進的軍事化管理，這就是一項創新性的成果，使得趙國的國力大大加強。他說：「愚蠢的人會嘲笑我，但聰明的人會明白我。即使天下的人都嘲笑我，我也要這麼做，一定能把北方胡人的領地重新奪回來！」還有後來的北魏孝文帝推行漢化，主動穿漢服、說漢話，遷都中原，甚至改姓、通婚，這是一件多麼了不起的事情！

當你已經能熟練地運用創造性思維的時候，你就逐漸從萬變中找到了不變。大道至簡，事物總是先從簡單到複雜，再從複雜回到簡單。這時你再面對其他複雜事物的時候，就能在短時間內看出它的本質，對事物了然於心。將複雜的事簡單化，再使簡單化的事邏輯化，你就能鍛鍊出強大的推理能力，從各種表象裡看到事情的本質。

你已經不用關注理論了。所有擺在你面前的問題，你都能迅速地拿出相對比較合適的解決方案，這就是「方法論」。一切道理到最後，都是對現實問題的解決。能不能實現這一步的跨越，就是檢驗一個人是理論型人才，還是實幹型人才的關鍵。從關注「理論」升級到關注「方法」，是一個人層次的大升級，也是一個人鍛鍊和修行的結果。

認清「事實」與「觀點」

在生活裡，經常發生把觀點和事實攪在一起的問題。很多時候，大家爭論的其實是觀點，而不是事實。觀點和事實很容易被混淆，事實就是實際發生的事情，而觀點是個人的看法和感受。

觀點是每個人對特定事物的看法，受到個體差異的影響，如性別、態度、經歷、信仰等，很難爭論出是非對錯。事實是實際發生或已知存在的東西，可以用證據來驗證。

一個不聽取他人想法意見的人，很可悲。但是更可悲的是，不具分辨真假對錯的能力，對於資訊照單全收，別人說什麼他都信，完全沒有自己的主見。「無法獨立思考」、「懶得動腦」、「無法分辨資訊真偽」的養成，一定不只一個原因，而是各種因素環環相扣之下產生的結果。

在訊息傳播複雜和快速的時代，很多未經查證的事實常被散佈於臉書、Line群組，當資訊接收的管道太過單一、扁平，長期下來，很容易讓自己活在平行時空而渾然不覺，甚至成為被媒體操縱的「受害者」。獲得訊息的數量不代表知識的含金量，在獲得資訊後，必須自己選擇去吸收什麼，忽略什麼，在大海中淘出有價值的金沙。

戒除玻璃心和迷之自信

我們在生活中可能會遇到一些，極度敏感脆弱，總是感覺自己遭受剝奪、攻擊；或是莫名其妙、毫無邏輯的自我感覺良好，心態非常傲嬌，藐視他人感覺，對自己的自信程度遠超於其自身能力的人。這些人多半是自尊心高、自信心低、內在安全感不夠，這其中問題的核心，都是自卑與不成熟所造成的。

透過爭辯證明自己

不成熟的人，非常喜歡爭辯。他們會本能地顧及自己的面子，總是希望透過爭辯，來證明自己的正確性。越是成熟的人，越少爭辯。成熟的人深知沉默是金，話不在多，而在於如何精煉地表達到位。言多必失，往往說話越多，誤會也就會越多。

成熟的人深刻知道，理解他們的人，其實無須說過多的話；而不理解他們的人，即使說再多也無濟於事。一個很愛爭辯的人，無非在向他人傳達兩層意思：一是表現和證明自己的正確性；二是對全局掌控不到位，向別人洩露出自己的自信不足。

不成熟的人，骨子裡往往表現出自卑或傲慢。自卑是對自己的輕視與懷疑；傲慢則是太過於看重自己，忽視了其他人的意見。一般來說，成熟的人不會過度自卑與傲慢。他們深深懂得敬畏與謙卑。過度自卑是在為自己的成長製造障礙；而過於傲慢是在為自己製造敵人與是非。

自卑與傲慢，都會讓我們錯失自我成長的機會和認識真相的可能。為什麼在水中溺亡的人，大多是一些水性較好的人？正是因為水性較好，所以缺乏對環境的敬畏，自認為很厲害，以至於減少了對風險的評估，這是一些水性較好的人容易溺水身亡的關鍵。

真正內心成熟的人，不會被風險阻礙自我成長進步，同時又敬畏風險，這是自我成熟的表現。能基於事實做出準確的判斷，而不是過度依賴完全的直覺與自我的經驗限制，這是他們智慧之處。

走捷徑的投機心態

國學大師錢穆曾說：「古往今來有大成就者，訣竅無他，都是能人肯下笨勁。」不成熟的人往往會渴望走捷徑，他們的大腦總是被各種欲望速成廣告填滿。譬如：三十天速成百萬富翁。這些一看就不合常理、不合邏輯的廣告，但他們卻很容易上當受騙。

真正的聰明人知道，只有在學業上下笨功夫，才能練就扎實的基礎，也才能擁有充沛的後勁。作家路遙為了寫《平凡的世界》，專門租了一間安靜的房子。他在寫作期間拒絕任何客人來訪，以避免自己被打擾，因為他需要整塊的時間進行創作。

路遙幾乎每天凌晨三、四點才睡，他的早上都是從中午開始。為了寫作，他從下午一直工作到深夜。在他看來，寫作是非常耗費精力的事情。他曾說過，只有擁有初戀般的熱情和宗教般的意志，人才有可能成就某種事業。

這就是一個真正聰明的人願意做的笨功夫。只有在時間的沉澱下，傾注專心與持續的激情，才會做出最好的事業。

不成熟的人，內心後悔的事情就比較多，這是由於遇事看不到真相，總是猶豫不決。真正成熟的人很少後悔，因為他們的每個決策都深思熟慮，以追求最大限度地符合客觀實際。真正成熟的人在做關鍵決策時，喜歡聽從內心的聲音，他們願意承擔自己的決策可能帶來的風險。

總而言之，不成熟的人愛爭辯，以此證明自己的厲害；他們非常傲慢，缺乏敬畏之心，並且較為浮躁，不願意下笨功夫。他們做事往往猶豫，而後又為錯失良機後悔不已，這是他們人生苦惱的根源所在。真正成熟的人懂得萬事萬物相互聯繫和合作。人生之路漫長，不斷修練提升才是成就自我最好的方法。

成長在無意識中停滯

認知是大腦的自動導航，是人生的風向標，決定我們受的苦、吃的虧、擔的責、扛的罪、忍的痛，決定我們如何理解世界、如何行動、能賺多少錢、要往哪裡去。面對同樣一件事，用不同方式思考的人會有不同的觀點。好的認知可以成就人，壞的認知可以毀滅人。

對世界萬物的判斷，判斷越接近事實，認知力就越高。人生是無數次選擇的結果，選擇的好壞，直接造成了我們今天的現狀。而大部分的選擇，都沒有一個標準的答案，只能靠認知能力去判斷。當一個能力欠缺的人，只能從自身經驗出發時，常常會得出錯誤結論。

人類的知識淺薄但不自知，形成一種假象，我們沒有想像中那麼聰明，面對事情的思維，往往不夠全面。大部分的人，只想得到眼前的好處，卻從不想打開自己的認知牢籠。

相信什麼，就看到什麼

當接收的新資訊與過去已有的信念相互矛盾，人無法理解現有經驗外的事物時，會產生失調的感覺，這種感覺會驅使一個人去尋找合理化的解釋，讓自己的認知達到一致。每個人都堅信自己看到的就是真實的，殊不知我們看到的往往只是自己想看到的。

如果仔細檢查我們過往犯過的那些錯誤，或者失去的各種機會，會發現絕大多數過失，都是我們自己的「認知枷鎖」造成的，所以人的一生，就是不斷地對抗自己認知限制的過程。

人生最大的不幸，是觀念上的先入為主，使我們過早地形成了「小認知循環」，並且被緊緊地禁錮住，無法看到更大的世界。人生最大的幸運，是遇到了那麼一個人或一件事，讓我們清醒地看到了自己認知的局限，突破自我的「思維監獄」，並重新建構更大的認知循環。人生破局的關鍵，就在於不斷地建構「大認知循環」，從而提升自己的格局，領略更多的人生風景。

認知是我們大腦參與、識別和行動的能力。你可以把認知看成是情感、思想、決策、意願和行為的綜合體。這種對事物的認識，在頭腦中形成的過程，就是人的認知，它是人們決策和行動的思想基礎。因為個體的差異，每個人的認知能力是不同的，對待和處理事物的方式方法也就不一樣，最後的結果當然有所差別。

往往社會越發達、科技水準越高，人與人之間的智力差距和認知差距，也會越來越大。社會發展水準越高，財富和資訊資源的流動性就會越好。此時，財富會加劇流向更有錢的人，而資訊資源會被高認知水準的人掌控，從而去影響和引領那些低認知水準的人。

未來世界將被分割成一個個的小儲存格，相同認知水準的人被放在同樣的儲存格裡，儲存格的牆壁十分堅實，每個人都活在自己的資訊繭房（認知監獄）裡。這些人之間互相肯定和認可，擁有共同的一片天。

在當今各種資料演算法的配合下，未來的內容生產和推送機制將更高明，可以精準地投放給每個儲存格最想要的東西，這些人未來都將會被大數據和演算法餵養。

低認知的人需要的不是成長、被喚醒或是價值，而是情緒安慰、麻醉和幻象，及短平快的各種刺激。網路上各種帶有情緒和偏見的資訊傳播速度很快，人群能見度較高，而低認知的人自以為掌握了各種真理和知識，其實他們只是把情緒當理性，把資訊當知識，把偏見當思想。

良性循環要靠自己創造

未來低認知的人將越來越野蠻化，他們會越來越依靠本能、情緒和應激反應去處理各種事情。人如果對自己不加控制，其群體效應就會越來越明顯，最終走向群體的非理性，成為一群烏合之眾。

未來世界會變得錯落有致、井井有條，開啟智慧化管理。其實，人類文明的進化，只不過是「高認知」的人對「低認知」的人管理方式的不斷升級。要想實現階層躍遷，就看你能否打破自己的資訊繭房（Information Cocoons）了。

高認知的人具備完整的獨立思考能力，他們不斷地引領社會進步，維護社會秩序，站在人類社會的最頂層。高認知的人能透過自律、學習、精進等，成功地進行「延遲滿足」。面對大千世界，他們練就了一顆如如不動之心，時刻保持著精進。他們越來越自律，認知水準也不斷提升，不斷影響著其他人。這也說明了為什麼如今越低級的騙局深信的人卻越多，為什麼越低級的內容卻越有市場。

假象的慣性滑行

很多人都活在假象裡。有人可能會說：「不對啊，這個世界明明資訊越來越透明，怎麼可能大家都看不到真相呢？」這就是這個世界的神奇之處：表面上看，資訊越來越公開透明，而實際上我們所看到的，往往都是別人想讓我們看到的。

例如商家對消費者的操控，平台對用戶的操控，他們會透過大數據等各種手段，干擾我們的獨立思考，透過影、像、音等媒體手段，渲染出各種假象讓我們沉迷其中，跟著他們的思路走，為他們的利潤和市值添磚加瓦。

在古代，土地是最貴重的資產，掌握土地的人都是地主或者貴族，沒有土地的人只能做農民。

到了近代，機器取代土地變成了最貴重的資產，掌握機器的人是資產階級，沒有機器的人只能是無產階級，只能替資產階段打工。

現今，資料將成為最貴重的資產，這些資料開始向極少數人手中集中，比如各大網路平台。這些平台的背後又是資本，資本開始操控著整個世界的真相，翻手為雲覆手為雨，可以輕易遮住絕大多數人的雙眼。

你看見的世界，未必是客觀的事實

未來我們實現逆襲的途徑，就是看清事情的真相！為了方便大家理解，我先舉個例子：人類自古以來，就有想在藍天上飛翔的夢想，在飛機發明之前，無數人都嘗試過飛翔，但是都沒有成功，為什麼呢？因為在當時看來，人想飛起來必須得有翅膀，這是因為那些會飛的動物都有翅膀，所以那時的人們，認為會飛的本質就是「有翅膀」……

於是很多人就開始仿造翅膀，然後給自己裝上，冒著生命危險從高處往下跳，犧牲無數，但從來沒有成功過。直到有一天，有人透過思考發現了「飛翔」的真相：會飛的根本原因不是有翅膀，而是要利用翅膀去借助氣流的壓力差！

發現這個真相之後，人們成功地發明了飛機。將其機翼做成現在的形狀，就可以使通過機翼下方的流速低於上方的流速，從而產生壓力差，因此飛機就有了一個升力。這就是飛翔的真相，人類花了數千年時間才看穿，才真正地飛了起來。世界上真正的強人，都有一眼看穿真相的能力。

道是什麼？就是規律、本質、真相。所謂得道的人，就是指看到了規律、本質、真相的人，並且按照規律、本質、真相去做事的人，這種人就是神人。

從規律判斷因果

世界上有一種神奇的力量，道家稱它為「道」，儒家稱它為「仁」。其實看到真相不僅需要能力，還需要莫大的勇氣。因為真相太殘忍了，一個修為不夠的人如果看到了真相，往往無法接受，甚至會瘋掉。

第一步：你要找到某一領域的規律。這個世界上，所有東西都是有節律的。所謂節律，就是節點和規律。你要善於找到事物的節點和規律。踏準節點，把握規律，是一項很重要的本領。那些掌握某一個領域節律的人，都是非凡之人：

聲音有節律，掌握聲音節律的人是音樂家、歌手、鋼琴家等等；色彩有節律，掌握色彩節律的人是藝術家、畫家、設計師等等；文字有節律，掌握文字節律的人是文學家、作家、詩人等等；運動有節律，掌握運動節律的人是體育健將、運動冠軍等等；生命有節律，掌握生命節律的人是養生名家、名醫等等；社會有節律，掌握社會節律的人是經濟學家、哲學家等等；人性有節律，掌握人性節律的人是政治家、管理者等等；商業有節律，掌握商業節律的人是投資家、企業家等等。

如何找到事物的節律呢？有一個很有用的辦法，就是找到這個領域最經典的一百個成功案例，反覆探索和鑽研，不斷總結其中的共性和特性，就能悟出其中的節律。

如果你是創業者，你可以找出最經典的一百個創業成功案例，反覆對比它們的過程，看看有哪些共性和個性。假使你是一個寫歌曲的人，你可以找出最經典的一百首音樂，反覆聆聽，看看它們的音律究竟有沒有相通的地方。

你要透過大量的對比，因為只有量變才能引起質變，當你感知到這些案例的共性和個性時，規律和本質往往就自己顯現了！「讀書破萬卷，下筆如有神。」、「熟讀唐詩三百首，不會作詩也會吟。」其實說的就是這個道理。但是，必須是經典作品，因為經典都是經過時間檢驗的，越經典才越接近本質和規律。

第二步：你要找到不同領域的共同規律。當你不斷地發現一個領域的規律，漸漸地你會擁有一種本領：你很容易理解其他領域的規律。恭喜你，你正在接近世界的本質和真相。

此刻，你應該不斷鍛鍊「化繁為簡」的能力，遇到事情的時候，要善於撥去外表的繁亂，直探它的本質。發現了問題的本質，就找到了事情的主要矛盾。然後，你會感覺每天在身邊發生的事，看似千差萬別，像碎片般凌亂，但總是有很多相通之處。

的確，很多複雜的事情，本質都是簡單且相通的。很多事其實都是一件事，由一滴水而看到整個大海，是學習的最高境界。境界高的人總能一通百通。化繁為簡也是很重要的能力，它能讓我們更熟練歸納和總結，這個習慣會讓我們事半功倍。

第三步：你要從萬變中找不變。上面兩個層次看到的都是變化，當你能將萬事萬物的變化規律，都了然於心的時候，你看到的就不再是千變萬化，而是不變。無論商業模式如何千變萬化，人性是不變的，商業模式都是圍繞不變的人性展開的，萬變不離其宗。

別人關注變化，你關注不變；別人關注資料，你關注結果；別人關注偶然，你關注必然；別人關注要素，你關注要點。無論事物怎樣變化，你總能看到其中不變的東西。當你看到了不變，你就能練就一顆如如不動之心。

第四步：不斷提升自己的認知能從屈辱中看到真相。這是最重要的一點，請大家記住這句話：「你必須忍受別人忍受不了的東西，才能看到別人看不到的東西。」一個忍字，就是看到真相的方法，百忍能成金，忍就是修行。

在日常生活中學習

其實，真正的修行既不需要藏在深山老林，也不用躲在寺院廟宇，修行不是為了與世隔絕、絕塵而去，如果放棄生活而去修行，根本是南轅北轍！世俗紅塵就是最好的修行道場，「紅塵煉心」就是最好的修行方式，紅塵中每一個現實問題，都是我們修行的道場。

如果你創業的道路艱難險阻，創業就是你的道場；如果你與愛人之間有隔閡，夫妻關係就是你的道場；如果你和孩子溝通有問題，教育就是你的道場；如果你的身體出了問題，生死就是你的道場。

每一種煩惱是道場，每一次憤怒是道場，每一場恐懼也是道場。這個道場就在你人生的每一個痛苦之處，在你每一次想衝動的時候，在你每一次急不可耐的時候。例如，很多人可以處理好各種工作關係，但就是處理不好夫妻關係，每次一和愛人說話，沒說幾句就要爭吵。

從現在開始，當你想發火的時候，站在對方角度想問題，理解一下對方的不容易，然後心平氣和地溝通。如果你能有十次這樣的經歷，就會發現夫妻關係融洽了許多，完全不用情緒激動地爭吵了。

更重要的是，時間一長你會因此而變得寬容，因為你看到了別人的難處，學會了以他人的角度看待問題，學會了自我反省，並獲得長足的進步。這就是修行。這個辦法不僅適用於夫妻之間，也廣泛適用於同事、親子之間。

我們所經歷的每一件事（好事或壞事），遇到的每一個人（好人或壞人），都是來磨練我們的。我們經歷的每一份驚喜，遭受的每一份痛苦，都是讓我們提升的。或好或壞，或痛苦或開心，都是我們修行的工具。面對屈辱，面對不公，面對困難，我們必須學會忍。忍到一定階段，你將擁有一種看穿事物的能力，能對世事和人心抽絲剝繭，直達事物的本質，一切表象在你面前都是幻影。

提升認知效率

一個人的認知水準取決於兩大要素：第一，知識量的多少，這取決於一個人「獲取」有效資訊的效率；第二，邏輯推理能力，這取決於一個人「處理」有效資訊的效率。

熟讀精思

這個時代資訊越來越公開、透明，而且呈現爆炸式的狀態，我們必須接納足夠多的有效資訊，才能找出資訊之間的聯繫，從而挖出規律，找到本質。一個人接納資訊的方式，也就是學習方式，決定了他每天能接納多少數量的有效資訊。比如，看影片和讀書相比，兩者獲取有效資訊的效率差別非常大。

我們在看影片時，容易受到干擾。首先，如果你覺得這段影片是無效資訊，就想快轉，但是只要一快轉，就不知道中間落下了什麼，你需要反覆嘗試著去快轉，這影響你接收有效資訊的效率。

其次，如果你覺得某一段話特別有價值，你想做個記號或者畫個重點，但這很難在影片上進行，你可能需要重新寫字或打字才能記下來，這又影響你的觀看效率。

最後，影片裡面有很多聲音、畫面、色彩的渲染，都屬於輔助資訊，帶有濃重的個人情感色彩，像是主持人、解說員的情緒等，它會干擾你辨別什麼才是真正有效的資訊。

當然，這些輔助資訊也有價值，它會讓你在學習的時候，不至於那麼枯燥，讓有效資訊更加形象。但也正是這種輔助渲染喧賓奪主，讓太多人在接收資訊時，把情緒當成意見、把偏見當成道理、把故事當成真相。這就是影音化時代的副作用：越來越多的人被主播一步步地帶偏，活在自己的妄念裡，看不到真相，然後被他人矇騙，活得糊里糊塗。

而讀書接收有效資訊的效率就比看影片大多了，為什麼呢？首先，每個人接納資訊的速度不一樣，有的人可以一目十行，有的人只能一目三行。但是沒關係，書不會影響你的效率，人們可以按照自己的速度去閱讀。

這就是為什麼我們在利用通訊軟體進行溝通時，非常害怕有的人上來就發好幾段六十秒的語音，因為聽起來太累了，稍不留神就得重來，有時還要擔心被別人聽到。如果在通訊軟體裡將語音轉換成文字，又會出現很多錯別字，讓我們擔心被誤導，結果轉換完還得再聽一遍，這就大大地影響了我們接收資訊的效率。

其次，書裡的文字沒有流動的畫面、沒有聲音。這可以讓我們專心致志地去提取那些有效資訊，讓我們沉浸在資訊中思考，也容易形成獨立思考的能力。

最後，文字是思想最基本的邏輯，人類所有的思想都會以文字的形式予以儲存。無論多麼經典的演講、電影，最後都會以文字的形式記載下來，去剖析它的核心思想。所以，讀書是最容易抓住核心精髓的。

世界上最難的事有兩個：第一是把自己的思想灌輸到別人的大腦中；第二是把別人的錢拿到自己的口袋裡。這兩件事是相輔相成的，做到第一點才有第二點，這也是商業活動的不二法門。

文字是人類思想展現的最好方式，也是人類抓取有效資訊的最佳辦法。美國投資家查理・蒙格（Charles Thomas Munger）認為，「常識」才是決定一個人成敗的關鍵。他所說的「常識」指的就是有效資訊。

這些資訊看起來很簡單，平常人都能掌握，其實恰恰相反。絕大部分人一生都在追逐「訣竅」，或者被娛樂化的短片誤導，貌似掌握了很多資訊，但有大半都是無效的。所以，多數人只不過是人云亦云之輩，他們被凌亂的資訊包圍和衝擊，早就喪失了獨立思考的能力。

觸一通三

邏輯推理能力取決於一個人「處理」有效資訊的效率。處理就是「歸類」和「梳理」。處理資訊就像我們收納衣服一樣，能互相搭配的要放到同一個櫃子裡，這個季節不再穿的就整理打包放著。

我們每天接收的資訊太多，如果不善於歸類和整理，這些資訊只能堆積在大腦裡，不僅占用記憶體，還無法形成智慧。我們必須學會每天處理這些輸入的資訊，待把資訊梳理到一定程度後，就會發現資訊之間的聯繫和規律，進而能把整個世界都看清了。

一旦你擁有這種能力，就能一眼看穿各種事物的本質，可以在各個領域之間自由穿梭。這種能力的最高境界，是由一滴水看到整個大海，由一棵樹而看到整片森林。

如何拓展認知的邊界

現在很多人表面上是在學習，但功夫都用在尋找捷徑上。他們希望能找到一把萬能鑰匙，讓自己不用思考，簡單明瞭地就能把所有問題都解決掉，哪怕多花錢也無所謂。這不叫學習，這叫偷懶。

微積才能速成

這就是很多老闆雖然花了大筆金錢參加一堆訓練課程，卻依然沒什麼改變的原因。他們忙著到處去上課，只是表面看上去很努力而已。提升認知靠的是一步一腳印，不是用錢可以買來的。你可以花錢去買別人的經驗和方法，卻無法花錢讓自己少走冤枉路。

要想提高認知，只有知識還不夠，還必須有獨立思考的能力。獨立思考的能力，才是一個人最重要的能力。如今，一些人正在拋棄獨立思考的能力，因為演算法可以根據他們的行為算出其喜好，直接把他們最喜歡的事物推送過來。

因此，這些人便不再需要思考和尋找，就能得到自己想要的東西了。看似個人資訊的獲得變得便捷，實則是人變得越來越懶惰，甚至都已經懶得去辨別和選擇了。

未來，人們的大部分行為都將被情緒引導，而不是被價值引導，更不是被思想引導，因為人們已經越來越不需要價值和思想，只看我喜不喜歡、想要不想要。人們正在拋棄深刻的東西，包括文學、哲學、思想等，因為這些東西太沉重，需要思考的問題太多。

現在生活節奏快，人們不想一直承受壓力，於是越來越多的人，就不斷地尋找可以讓自己放鬆的東西，以直播、短片、遊戲等為代表的網路娛樂產業，將會越來越發達。因為這些東西可以帶給人快樂，哪怕只是短暫的。再加上這些內容不停在更新，大家自然都沉溺其中而樂此不疲了。

用不同視角看同一件事情

比勤奮和努力更重要的是深度思考，比深度思考更重要的是建立認知座標。什麼是認知座標？每看到一條資訊，你是否有以下四個思考層次：

⑴這件事情本身是「表象」還是「真相」——看過去。
⑵這件事情的出現是「偶然」還是「必然」——看現在。
⑶它是否隱藏了某個真實的邏輯——看本質。
⑷它的出現預示了什麼樣的傾向——看未來。

所謂認知座標，就是由這四個象限（層次）組成的座標體系。在這個資訊快速傳播的社會裡，如果不能建立自己認知世界的座標體系，自己的生活就會越來越沒有目標。

如今這個社會，資訊傳播速度極其迅速，每個人都像一個基地台，能隨時隨地接收和傳播各種資訊，這讓我們深陷資訊的洪流中。如今很多資訊是可以被製造出來的，既然可以被製造，就一定會有人利用它來達到自己的各種目的，如商業上行銷的本質，就是運用資訊不對稱的狀況來圈定客戶。

美國知名學者麥可．所羅門（Michael R. Solomon）在《消費者行為學》一書中這樣說：「我們身邊時刻都有成千上萬的公司，花費數以億計美元，在廣告、包裝、促銷、環境，甚至電視、電影裡做手腳，從而影響你、你的朋友和家人的消費，從中獲取利潤。」

既然資訊能被自由製造，那些掌握話語權的人（如企業家），必定會利用話語權的優勢，在你周圍製造出一個「資訊包圍圈」，讓你身陷他們給你創造的世界裡，按照他們給你設定的邏輯去思考問題，如各種節日促銷、各種廣告文案等。

除此之外，各種自媒體故意用危言聳聽的內容吸引你的關注；直播網站上的主播翻新花樣刺激你的味蕾。這都是一種變相的挑逗，讓你沉浸其中不可自拔。與此同時，這會讓你對那些真正有價值的東西視而不見，因為它們太不起眼、太樸實了。

如果你走在大街上，這邊有個哲學家在演講，那邊有兩個人在打架，你願意去看哪個？毫無疑問，絕大多數人都會被打架的人所吸引，儘管他們扯衣撒潑、粗俗不堪，照樣會被人圍觀。而哲學家的演講無論多麼慷慨激昂、內容有水準有深度，一般都鮮有人問津。這是人性使然。資訊不對稱的時代，往往是先知先覺者搶占先機；而在資訊高度對稱的時代，往往是趨利者在做幕後操控。

人為什麼越來越浮躁、越來越焦慮，就是因為我們每天接收了太多雜亂無章的資訊，開始被自己的各種雜念和欲望控制，人人都覺得自己只差一個機會，人人都相信自己可以一夜致富……

所謂「嗜欲深者天機淺」。人的雜念和欲望越深重，越看不到真實的世界。在這個朗朗乾坤、昭昭日月的時代，我們都成了睜眼瞎子。將來，我們一定要形成獨立思考的能力，建立自己的認知座標，讓自己時刻保持清醒和獨立。

Price is what you pay. Value is what you get.

——華倫・巴菲特（Warren Buffett）

第 2 章

思想上的超越要勝過物質

價格，是你所付出的；價值，是你所獲得的。

榮格說，當你的潛意識沒有進入你的意識時，
那它就是你的命運。

別再閉著眼睛奔跑

有這麼一句話，曾經引起廣泛的共鳴：沒有深度思考，所有的努力都是無效的。用同樣的邏輯，可以得出這麼一句話：沒有思維模型，所有的深度思考都是無效的！

了解思維模型

要想解決「如何用」的問題，需要了解思維模型到底是什麼。關於思維模型，查理·蒙格說：「思維模型會提供你一種視角或思維框架，從而決定你觀察事物和看待世界的視角。頂級的思維模型能提高你成功的可能性，並幫你避免失敗。」

從這段話中，我們可以看出，思維模型的本質是視角、是思維框架，而它的作用則是幫助我們避免失敗、提高成功的機率。查理．蒙格替「模型」下了一個定義：任何能幫助你更深入理解現實世界的人造框架，都是模型。這句話聽起來十分抽象，那麼模型到底是什麼呢？舉例來說明：

一家航空公司每年要接待幾百萬名乘客，創造數千億美元的價值。但在二〇一二年，飛機票價平均為一百七十八美元，每次飛行，航空公司只能從每位乘客身上賺到三十七美分。而谷歌公司創造的價值相對較少，但利潤更多。

谷歌公司二〇一二年只創造了五百億美元的價值（航空公司創造了一千六百億美元），卻從中獲利21％。這個獲利率是美國航空公司的一百多倍。谷歌公司的巨額利潤，使它的市值是所有美國航空公司市值之和的三倍多。

為什麼會這樣呢？這個看似非常複雜的現象，經濟學家只用兩個簡單的模型就給出了解釋：一個是完全競爭，一個是壟斷。完全競爭是指在這個市場中的每個公司並不存在差異，賣的都是同質產品。因為這些公司都沒有市場支配力，其產品價格必須由市場來決定。相反地，壟斷說的是壟斷公司擁有自己的市場，所以可以自行定價。因為沒有競爭，所以壟斷公司可以自由決定供給量和價格，以實現利益的最大化。

美國航空公司所處的市場是完全競爭的市場，而谷歌公司所處的市場是壟斷市場，正因如此，二者獲利率就相差甚遠。這就是運用「模型」，也就是查理．蒙格所說的「人造框架」，將看起來紛繁複雜的事物簡單化、抽象化的方法。

不斷追問問題和答案的背後

根據模型的定義，我們再來看看到底什麼是思維模型。思維模型最早是由查理．蒙格提出的，但是他並未詳細說明思維模型的具體定義究竟是什麼。根據之前的闡述，我給它下了一個定義：思維模型是對資訊的壓縮，是幫助人們理解事物、解決問題的框架。說白了，思維模型就是一種思維框架，當你頭腦中存在了很多這樣的框架，遇到不同問題時，就知道究竟該用哪個框架或哪幾個框架，去進行理解、分析和解決它們。

這就像你的頭腦中存放了很多工具箱，遇到問題A，便拿出與之相應的工具箱A1；遇到問題B，便拿出與之相應的工具箱B1……於是，你就能駕輕就熟地解決很多工作和生活中的問題了。

剛入職場時，我曾接到這樣一項任務——替一項產品做定位。我之前從未做過市場行銷工作，所以頭腦中缺乏相關的思維模型，於是就按自己的理解做了很多準備，但最終也沒能交出一個特別清晰明確的產品定位方案。

後來，我學習了相關知識及方法之後，發現我的頭腦中，如果事先存放一個名叫STP的思維模型，也就是細分市場（Segmentation）、目標客戶（Targeting）和定位（Positioning），那麼當時的我，就能按照這個思維模型所描述的路徑，對產品定位做出思考，並給出相對滿意的答案了。

實際上，這個STP思維模型，就是一個可以存放在頭腦中，以供隨時取用的工具箱。當你有了這種存儲後，就可以隨時拿出來用，若你缺乏這種存儲，就會在接到任務時手忙腳亂、事倍功半。這就是思維模型的力量。

最近這些年，我們對知識的獲取變得前所未有的容易，很多人都知道有思維模型這回事，同時也學習了一些思維模型的知識。但大家也發現，這些東西似乎不能在真實生活中，發揮比較大的作用。

為什麼？原因一，停留在「我知道了」的淺表層面上。觀察一下周圍，你會發現很多人的學習狀態，都停留在「淺表層」，也就是「我知道了」這個層面上。於是，雖然每天看很多東西，最後卻是「酒肉穿腸過，佛祖心中不留」，看是都看過了，但什麼也沒有記住。

假如你想讓學到的知識、方法、思維，在生活和工作中真正發揮作用，最重要的一點，就是你得真的去用，要讓理論與實踐聯結起來，要讓它們去幫助你解決實際問題。

舉個例子：有些人在下館子吃飯、買衣服和鞋子上花錢毫不手軟，但在學習和自我成長的投資上卻少得可憐，連買本書都要考慮再三。有些人則完全相反，他們將自己的大部分收入，都投在學習和自我成長上，在買衣服和鞋子方面卻很吝嗇。還有一些人，對朋友非常大方，常常請吃飯、唱歌，又買禮物，但對自己就縮衣節食。這是為什麼呢？

能夠解釋這些不同消費現象的關鍵，就是「心理帳戶」這個思維模型。心理帳戶的意思是，我們會把錢分門別類地存放在不同的帳戶中。因為錢這個東西，在我們心裡並不是統一存放的。

像是生活必要開支帳戶、購買衣鞋包包帳戶、孩子教育帳戶、享樂休閒帳戶等。這些帳戶看似都歸於你的大帳戶下，但其實是獨立存在的。不少人都知道這個「心理帳戶」的思維模型，但有運用在自己身上嗎？

我的做法如下：幫自己建立一個名為「自我成長與學習」的心理帳戶，每年年初會撥差不多30%的預算到裡面。同時，在「衣服鞋子包包」心理帳戶中放比較少的份額。每兩個月我會評估一次，看自己的花費，是否按這個比例進行，或是我的行為與預算編列相差太大。

一開始，我也會忍不住買衣服，但因為我會持續核對預算與實際開支，慢慢地，這種情況就消失了。如此，就保證我的金錢消費與我的人生願景和目標是一致的。而這也是我能寫出「你的時間和金錢流向哪兒，你的人生就走向哪兒」這句話的真實原因。

同時，借用這個思維模型，我還能透過一個人的金錢和時間分配比例，來觀察他的價值觀是什麼、人生願景是什麼。如果一個人老是嚷嚷很愛學習、很想成長，想要實現一個什麼理想，但實際上卻把相關的心理帳戶壓縮至最小，那我就知道他只不過是說說而已，他想要的必定很難實現。

所以，一個並不複雜的「心理帳戶」思維模型，如果你能了解它、真正運用它，則不但能夠活出你想要的人生，還能對你周圍的人，進行深刻的洞察與判斷。假如你是一名創業者，或是品牌經營、行銷人員，也能運用這個思維模型，進行更好的推廣和銷售。

原因二，沒能看透本質。很多時候，運用思維模型最常遇到的障礙，是你沒能理解它的本質，從而無法「挪動」它，如果非要「硬挪」，最後也是「得了形，失了神」。所以，看透不同思維模型的本質，對於運用它們來說顯得至關重要。可以說，看透本質是「有效挪動」思維模型的重要前提。

尋找自己的思考公式

那麼我們又該如何看透思維模型的本質，從而對它們進行「有效運用」呢？被譽為「競爭策略之父」的麥可·波特（Michael E. Porter）在其著作《競爭策略》一書中，為商界人士提供了三種卓有成效的競爭策略：總成本領先策略、差異化策略和專一化策略。這些策略目標，是使企業的經營，在產業競爭中高人一等的關鍵所在。

在《競爭策略》這本書面世之前，大多數企業家都認為，企業可以同時追逐好幾個基本目標。因為目標越多，就意味著越可能成功。然而，波特教授告訴大家，這種想法實現的可能性是很小的。因為貫徹任何一種策略，通常都需要全力以赴，並且要有相應的組織安排。如果基本目標不只一個，資源就會被分散，從而影響最終的結果。

看完這本書後，我開始思考一個問題：人和企業一樣，也處於激烈的競爭中，需要從中脫穎而出，那麼，是否能將《競爭策略》一書中的思維理念，用到自己身上呢？

首先，我深入研究這三種競爭策略的具體內容與使用方法。總成本領先策略是指企業要為使用者提供低價格的產品，這是一種先發制人的策略，它要求企業有持續的資本投入和融資能力，並使生產技能在該行業處於領先地位。

專一化策略是指主攻某一特殊的客戶群、某一產品線的細分市場或某一地區市場的策略。差異化策略則是指企業力求在用戶廣泛重視的某些方面，做到在行業內獨樹一幟，它選擇許多用戶重視的一種或多種特質，並賦予其獨特的地位，以滿足用戶的要求。

根據這些定義，我首先排除了總成本領先策略，然後，在專一化策略和差異化策略之間擇一。其中，專一化策略具有兩種形式：一種是企業在目標細分市場中，尋求成本優勢的成本集中，相當於總成本領先策略與專一化策略的交集；另一種是企業在目標細分市場中，尋求差異化的差異集中，相當於專一化策略與差異化策略的交集，即先找到一個目標細分市場，然後再在這個市場上尋求差異化。

專一化策略是以總成本領先策略和差異化策略為基礎的競爭策略，在特殊市場中形成成本優勢或差異化優勢。然後我意識到，以差異化策略為基礎的專一化策略，就是最適合我的策略。

於是，在碩士畢業找工作期間，我就將這個策略用在自己的面試方法中。那時，我非常希望在畢業時，能夠進入世界五百強的外企工作，尤其渴望獲得儲備幹部的職位。於是，我就將它確定為面試找工作時的目標細分市場，也就是專一化策略的具體方向所在。

然後，我研究了儲備幹部的招聘要求，發現這些企業反倒一致，不會因為行業不同而有很大的區別。對於儲備幹部這個職位，它們都希望能找到綜合能力強且深具潛力的人。接下來，我做了很多準備，從英語表達能力到資料分析能力，從團隊合作技巧到演講能力等。其中最重要的一點是，我認真思考了自己在這個細分市場上的「差異」——與其他名校畢業生相比，我到底有哪些競爭優勢？

經過反覆思考，我將自己的優勢總結成三點。然後，在面試做自我介紹時，將早已準備好的三大優勢娓娓道來，與職位需求一一匹配，還會在介紹完每個優勢後，敘述一則真實的故事，以說明自己與這個職位的契合度。

就這樣，我從諸多應屆畢業生中脫穎而出，如願進入世界五百強外企，成為一名儲備幹部。從表面上看，麥可·波特的競爭策略，與我的面試策略是完全不同的兩回事，但如果去思考彼此的本質，就會發現它們是一樣的。

競爭策略的本質，是在面臨激烈的競爭且資源有限時，想要脫穎而出就得採取一定的競爭策略，而不能在不同策略間徘徊。之後，我將競爭策略的本質，與我面試所遇到的情況，和想要實現的目標相比較後發現，二者具有「表面不同、本質相似」的特點。

於是，我就將競爭策略這一思維模型的解決方法遷移過來，首先選擇非常清晰的細分市場，然後在這個市場上尋求差異化，以形成差異化的競爭優勢。這就是我對思維模型的遷移運用，乃一次非常有效的「運用」。

很多思維模型都是關於商業、經濟學、心理學或工程學的，平時看起來與我們相隔甚遠，但如果能看透它們的本質，從而做出「應用級」層面的「挪動」使用，很多生活和工作中的問題，就能立刻迎刃而解，最終做到查理．蒙格說的：「只要80到90個思維模型，就能解決生活中90％的問題。」

現在我們大多數人，每天都浸泡在海量的資訊與知識中，卻遺忘了更為重要的東西——「思考」與「實踐」。我們習慣「學習更多」，卻不懂得「思考更深」；我們習慣「學習知識和方法」，卻不懂得「思考背後的東西」；我們一直在做「量的積累」，但卻沒能進入「質的改變」。我想，這就是很多人一直努力卻停滯不前的重要原因之一吧。

擁有「換位腦」和「同理心」

如何辨別一個人是不是具有高維意識？當你遇到一個人，他能理解你的處境，尊重你的觀點和立場，和你打成一片，讓你覺得很舒服，但你想進一步和他深入交往時，發現他總是難以捉摸，始終保持距離，讓你覺得若即若離、時隱時現，似乎總隔著一層紗，說明他正和你「降維溝通」。

擁有高維意識的人，通常具有「換位腦」和「同理心」，不會曲高和寡，也不會恃才傲物，他們總是「大象無形」，能隨時做到「上下相容」和「左右調和」。「上下相容」指的是能把自己的層次調整到和對方同級，然後再展開對話，隨時與不同階層的人交流。「左右調和」指的是能很快找到對方思考問題的角度，不帶任何偏見。他們隨時升降，可左可右，沒有分別心，也無執念，這就是「大象無形」。

換位思考為什麼重要

除了創新思維及解決問題等能力，近年有愈來愈多國家，紛紛開始重視如何換位思考。其實，舉凡商業、社會、經濟、政治等領域，要能在其中脫穎而出，都不可缺少這項能力。例如誕生迄今仍受大眾喜愛的蘋果智慧型手機，徹底改變了人類的生活，要說它開啟了一個新的時代也不為過。

而蘋果手機之所以受歡迎，就是它的人性化操作設計。而造就這項成功的關鍵，其實就是設計者站在使用者的角度做設計，才能兼顧美感、市場獨創性，並符合龐大消費者的高度需求。

換位思考指的是從別人的立場，思考、感受別人內心的想法或感覺，並以此為邏輯起點展開自己的推論和行動。每個人看事情的觀點、解釋都不一樣，一般人的思考慣性是從自己的角度出發，套用某種固定的方法去應對，導致無法理解別人在講什麼、在想什麼。

更多時候，是一聽到不同的意見或看法，馬上插話、回話，企圖反駁、解釋與澄清，以自己的經驗出發，認為只有自己的想法才是對的。每個人都希望別人理解自己，但我們是否也能理解別人？

換位思考最重要的，是聽別人說話，不是聽進聲音或話語，而是聽見需求情感與意義，真正聽到一個人想傳達的完整訊息，理解他為什麼這麼說，或為什麼這麼想？

真實世界中有很多眉角，無論在什麼領域，都少不了人際間的互動，學習從不同的立場思考和表達，從不同的人事物中，善於發現自己沒有的特質，懂得把自己的姿態放低，用謙卑的心態學習，取長補短、發現矛盾、分辨真偽、平衡虛實。

從理解他人需求的角度，做出相對應的回饋，然後才有機會，修正彼此的歧見，開啟理性的對話，找到有效溝通的連結點。學會了這種能力，你才會發現自己看待事物的眼神與心態不同了。

多一點接納與包容

有了換位腦，才能開始產生同理心，遇到事情願意站在對方立場考量，而不是只從對方身上找問題。許多事情都沒有絕對的對與錯，好與壞。一切都是有前提的，每個人都有各自不同的立場和態度。每一個人生活的方式不盡相同，但無論哪一種生活方式，都不可避免的要經歷人與人之間觀念和思想的碰撞。

缺少同理，人與人之間的關係必然會惡化。彼此會執著於對方的失誤，而不是想辦法感同身受。結果是心理上與情緒上都僵持不下，每個人都堅持己見，所有問題都解決不了。

同理心被認為是後天發展的能力，但不是能在課本中學會的學問，是綜合許多技巧與經驗，才能發展的能力。要具備對於情緒反應的辨識、想像力與情商等特質，也要排除成見與主觀，以這些為基礎，透過自己的判斷進行邏輯思考，才能做出反應、找到答案和解決問題。具有同理心的人，能清楚表達自己的需求，又能同時讓對方感受到尊重，互動關係會比較和諧，在工作職場上也更靈活柔軟。

從資本走向人本

提出一個問題的時候，要想找到這個問題的答案，必須將自己的認知提升一個層次。我們經常提到一個詞「降維打擊」，什麼是降維打擊？就是將自己升一個層次再去和對手抗衡，那就是戰無不勝的。這個邏輯廣泛地應用於各個領域。

例如，比「產品」高一個層次是「品牌」，比「品牌」高一個層次是「文化」，比「文化」高一個層次是「文明」。因此，做「產品」要有「品牌」思維，做「品牌」要有「文化」思維，做「文化」要有「文明」思維。

從高維看低維，叫「降維打擊」，但從低維看高維，便成「當局者迷」了，不識廬山真面目，只緣身在此山中。

從價值角度出發

如果能從價值的角度看待問題，那麼很多事情就會變得很簡單，正所謂「大道至簡」。一個經濟高度發達的社會，具有以下特徵：大多數東西，都有明確的歸屬；大多數東西，都有明確的價格；大多數東西，都可以進行兌換，可以隨時隨地交易。

一般人會認為隨著社會的不斷發展，人與人之間的關係也越來越複雜。如果從價值角度來看則恰恰相反，社會越發展，人與人之間越簡單純粹。為什麼現在的人越來越現實？為什麼現在的人那麼容易分開？因為世俗道德對人的束縛越來越小，很多人都直奔價值去了，一切都在返璞歸真。

價值是一種成全。價值所在的地方，到處都是情義；價值消失的地方，一切都煙消雲散。有人說，價值不就是利益嗎？這樣理解就狹隘了，「價值」比「利益」要高一個層次。俗話說：以利相交，利盡則散；以情相交，情斷則傷。

這說明感情和利益都是低維的東西，人與人之間長久的關係不是靠「感情」維繫，也不是靠「利益」維繫，而是靠「價值」維繫。價值的本質是一種成全，所以要是真正對一個人好，那就想辦法成全他。

如今世界上最大的變化，就是從以「商品」為中心開始，演變成以「人」為中心。在以商品為中心的時代，我們關注的是各種商品的「價格」，商業核心邏輯是「價格規律」；而在以人為中心的時代，我們研究的應該是人的「價值」，商業核心邏輯是「價值規律」。

價值規律會對世界經濟、人文、生活等多方面產生影響。價值一旦被量化，很多問題就簡單化了，互相推諉的事就會越來越少，整合運作效率越來越高。這樣人與人之間的信任度會大大增加，人與人的內耗會逐漸降低。

無論是經濟還是生活，其實都是一種價值交換，這個交換也必須符合價值定律。價值交換是指交換雙方能給彼此提供價值，或者能互相提升對方的價值，達到雙贏。

新經濟來襲，你的價值在哪裡

當今世界經濟形勢複雜多變，各種暗流湧動，儼然成為一種常態，混亂中有各種必然，人們因看不透而焦躁不安。那些頂級的經濟學家們，一直嘗試去探索其中的規律，然而，各種高大上的理論都用上了，始終無法找到準確的答案。

個人與企業都需要新價值觀

其實，試圖用經濟學裡的概念，去解釋所有的經濟現象，有時會得不到答案。因為經濟本身就不是具體客觀存在的東西，它只不過是我們為了更快理解社會的運轉，而發明的一種學科。用一種並不具體客觀存在的東西去描述有形的社會，一定會越描越模糊。

經濟學根本沒有那麼晦澀難懂。經濟學裡的很多複雜問題，都能在數學、物理中找到非常明確的答案。關於世界經濟走向這個在經濟學家眼裡重大而又複雜的問題，只需用一個字的物理概念，就可以描述得淋漓盡致。世界上很多事物的本質，其實都是相通的，所謂一通百通，透過一滴水就能看到整個大海。接下來剖析這一個簡單的字，向大家說明經濟現象，並揭示未來經濟的走向。

物理學中有一個概念叫作「熵」。什麼是熵呢？我們知道，物體都是由粒子組成的，粒子又是不斷運動的，但是這種運動往往是「無序運動」。「熵」就是衡量一個物體裡的粒子，做運動「無序化程度」的概念。

所以，熵越大，意味著物體內部越混亂；熵越小，意味著物體內部越有序。而運動的粒子就具備了能量，當不同方向運動的粒子碰撞在一起，它們身上攜帶的能量就彼此消耗了。

那麼，當熵處於最小值時，整個系統也處於最有序的狀態。這也就意味著，每個粒子產生的能量，都會被統一收納和釋放，所以，系統的能量集中程度最高，有效能量最大。

相反地，當熵為最大值時，整個系統處於有效能量完全耗散的狀態，也就是混亂度最大的時候，此時粒子攜帶的能量，被彼此的碰撞消耗。所以，一個系統的能量，可以用它內部粒子運動的「有序化」去衡量。即熵越小，系統能量越大，也越穩定。

例如，網路之所以有如此強大的革新力量，就是因為電腦是高度有序的系統。我們可以把社會看成一個物體，每一個人就相當於物體裡的一個粒子。我們使用的金錢，只是對貯存著的能量的債權而已，花錢相當於我們釋放出能量。

利己心是經濟原動力

一個井然有序的社會，相當於每一分能量都能被合理利用和轉化，從而產生能量聚合的效應。明白了這個道理，我們再從源頭探討：自從資本主義全球化以來，世界的主流經濟運轉模式，乃遵循自由市場經濟模式。什麼是自由市場經濟呢？

這就要從兩百多年前的一本書說起。這本書就是被尊為西方經濟學聖經的《國富論》，作者亞當‧史密斯（Adam Smith）是英國古典經濟學家，被譽為「現代經濟學之父」，也是一位哲學家、歷史家和社會學家。

《國富論》的中心思想，是人們的各種行為，都是由「利己心」出發的，因為每個人都知道自己的利益所在，都會努力使自己的利益最大化。這種「利己心」會指導大家朝著最容易賺錢的方向努力。

按照這種邏輯，只要社會上的人都自由行動起來，看似雜亂無章的自由市場，實際上就會自行調整機制。譬如，越是社會所需要的地方，利潤就越大。它將自動傾向於生產社會最迫切需要的產品，這種投資可以促進社會的繁榮。但當一個地方投入過多時，其行業利潤便會減少，於是大家會自然而然地減少在這個方向的投資。

因此，縱使沒有任何法律政令的干涉，這種「利己心」也有一種內在的平衡作用。這就是一隻「看不見的手」，它控制著市場和價格規律，並將個人利益和公共利益兩者統一起來。也就是說，利己主義會和社會公共價值統一起來。因此，作者主張儘量減少政府干預，人人都要自由行動起來，把「自由競爭」奉為上上策。這就是自由市場經濟。

一七七六年，「看不見的手」的理論正式問世。這時是英國工業革命的開端，也是自由市場經濟的代表——美國的誕生之年。這個理論正好迎合了世界的大趨勢，因為世界在此之前，還處於封建體制之下，一片死氣沉沉，而自由市場經濟一誕生，就相當於激發了物體內部的每一個粒子，讓它們運動起來，從而形成一個運轉的系統，具備了更強的能量。

世界最近兩百年以來的發展邏輯，都沒有逃脫這本書的理論。歐洲和美國是自由市場經濟的實行者，尤其是美國作為自由市場經濟的代表，其近代以來的經濟繁榮，說明了這種理論的可行性。如果把人類社會看成一個物理世界，「自由市場經濟」的誕生，就像當年牛頓發現萬有引力定律一樣經典。萬有引力發現了萬物的相互作用和關係，

「看不見的手」則形成了現今世界的經濟模式。

如果發現真理是一場比賽，歷史就是最好的裁判。老子說：「道可道，非常道。」這個社會沒有永恆不變的道理。一六八七年，牛頓出版《自然哲學之數學原理》，標示著經典力學的確立；一九〇五年，愛因斯坦的狹義相對論將牛頓的經典力學推翻重建；二〇一五年，量子力學理論的確立，又讓世人重新審視相對論。

《國富論》出版一百年以後，歷史已經開始顯露出它有待完善之處。就像上述所說的那樣：每個人都在為自己的利益最大化而運作，就像物體裡隨機運動的粒子一樣，這是一種沒有「公共秩序」的系統狀態。

如果按照《國富論》的論述，整個社會將會持續、有序地發展下去，但是幾十年後，資本主義國家就爆發了世界上第一次經濟危機。從此以後，世界從未擺脫過經濟危機的衝擊。每次經濟危機，都嚴重地破壞了社會生產力，使社會倒退幾年甚至幾十年。

現在，我們可以發現，越來越多的國家經濟出現了嚴重問題，比如債務問題、貨幣超發、實體衰退等，美國如此，歐洲如此，日本也是如此。東南亞金融危機，日本房地產崩盤，阿根廷、土耳其等國家貨幣的崩潰，歐洲各種「黑天鵝」的頻出，以及中東等地的區域動盪……

自然秩序的本質

各種跡象已經在反覆證明一件事：雜亂無章的自由市場並不是完美的。如果按照每個人利益最大化的原則，雖然人人都會有一股衝勁，但是彼此產生的效能會互相抵消。這就是我們上面所說的，雖然粒子在運動，但是物體的熵太大了。也就是說，整個社會越是支離破碎，混亂程度也就越大。我們當代世界產生危機的原因就在這裡。

以我的家鄉為例。記得我去年回家過年，老家附近一個路口總是堵車，一堵就是兩三個小時。路面上的車不多，但就是無法疏通。於是，我下車在路口觀察，半個小時後就明白了堵塞的根本原因：每一個開車的人都見縫插針，看見一個縫隙就搶著填上，根本不會顧及其他車輛，於是大家都在那裡塞著，寧可坐在位子上抽菸，也不願意彼此謙讓空出一條道來。

後來有人急著回家，就挺身而出去指揮這些車輛，該退的退，該讓的讓，這才慢慢恢復了交通秩序。補充一下：那個路口沒有紅綠燈，如果有了紅綠燈，秩序還會像那樣混亂嗎？

每個人都是自私的，只會想到自己，於是很快就會亂作一團。所以，「自由」一定要建立在「自律」的基礎上。我們總是崇尚自由，卻無法做到自律。在這種情況下，必須有規則來維繫社會的運轉。自由市場經濟的發展也是同樣的道理。

用一個貼切的比喻來說就是，為了緩解交通壅塞，有人主張在馬路上多設置一些紅綠燈，有人贊成減少一些紅綠燈。我也想請問各位：哪種辦法才能真正解決交通堵車問題？我認為，馬路上必須有紅綠燈，關鍵是數量和分布點要科學。

人性都有自私的一面，人的行為有時是損人而不利己的。如果一個社會裡，所有人都追求金錢最大化，人們一定會被逼迫變壞。因為「道高一尺，魔高一丈」，到最後就會變成一個人人自危、互相提防的社會。這時，無論科技怎麼進步，都會內耗嚴重、經濟蕭條，因為人們的聰明才智都被互相抵消了。

世界經濟剛剛開始發展的時候，我們應該鼓勵自由。如今，世界自由度已經充分釋放，此時應該加強對人的管理，提升社會的秩序性。因為現在人的自由度太高，導致各種投機性的利己主義盛行。因此，世界經濟的下一個方向，一定是提高自己的秩序性。對於個人來說，只要記住一句話：自律的人，才有資格談自由。

改頭換面的時代生態

當淘寶革完了實體店鋪的命，拼多多又要革淘寶的命；當微信革完了很多報紙的命，今日頭條又要革微信的命；當滴滴革了計程車的命，美團、高德又要革滴滴的命。

每一種革命的邏輯沒有變，或者是我比你的價格更低，或者是我比你更快捷，或者是我比你更精準。當你用一種手段「滅掉」別人的時候，總有一天會有另一個人出現，以同樣的邏輯「滅掉」你。

其實，社會就是一個食物鏈，我們不能孤立地看待某一個現象，要串聯起來進行分析。幾年前，我們經常聽到實體工廠的老闆抱怨，說自己如何被網路衝擊、如何被金融吞噬的情況……如果思考一下二十年前，工業是如何收割農業的，就明白現在製造業為什麼會被網路收割、網路為什麼會被金融資本收割的現狀了。這些都只是歷史規律的一個環節。

有句古話叫一物降一物。社會就是一個侵吞的鏈條，一環扣一環。螳螂捕蟬，黃雀在後。每一個環節都會收割上一個環節，再反哺下一個環節，財富就這樣循環流動、生生不息。我們來具體看一下這種循環：

工業VS農業

我們都知道工農價格剪（price scissors），就是指工業產品和農產品的定價機制不同。農產品主要是糧食，民以食為天，所以定價權在國家手裡，即便有一些波動，但是因為分散化經營，農民的議價能力也極弱；反而農業所用的化肥、農藥，屬於工業產品，卻是市場定價，這就造成了工業對農業的收割。當然，之所以這麼做，也是為了促進工業的發展。

網路VS工業

當網路完成資訊對接的任務後，經濟運作邏輯就全變了。工業思維是線性的、連續性的、可預測的；網路思維是中斷點的、突變的、不可預測的。工業經濟關注的是有形產品的生產和流通，有形的空間對它來說既是優勢，也是阻礙。

而網路經濟可以把人、貨物、現金、資訊等，一切有形和無形的東西「連接」起來，完全突破物理空間的限制。工業搶空間，網路搶時間，這是完全不同層次的思維，像是滴滴不僅是對計程車行業的革命，也是對自行車生產廠家的革命，高維當然能收割低維。

資本VS網路

資本是嗜血如魔的，專門尋找價值窪地和最大化增值空間，當資本嗅到其中的增值空間之後，就會插足進來。既然網路搶的是時間，它就會推著你往前跑，好比滴滴這種平台一樣，被一股無形的力量推著向前奔跑。

當資本得到它們預期的利潤之後就會撤出，留下一個空虛的軀殼，所以很多公司成也創投，敗也創投。當然，資本對所有的新興產業都是這樣，二〇一六年是AR、VR，二〇一七年是人工智慧，二〇一八年就是區塊鏈，一個也逃不了……

知人者智，自知者明，勝人者有力，自勝者強。從現在開始，每個人都需要一場自我革命。懂得變化不如善於進化。跟隨這個日新月異的世界一起進化，你就能永遠立於不敗之地。進化就是時刻要有一種歸零的心態，隨時拋棄已有的成功，匍匐前行。如果你把困難當成一種刁難，就一定會輸掉；如果你把困難當成一種雕刻，就會變得越來越強大。

人千萬不要把已經擁有的，或者之前的成功看得太重。否則，那些將會是你下一次成功的絆腳石。如果把它們看得很輕，甚至踩在腳下，它們將成為你的墊腳石。商業最需要反覆運算的不是產品，而是人的思維。

It is not the most intellectual of the species that survives; it is not the strongest that survives; but the species that survives is the one that is able best to adapt and adjust to the changing environment in which it finds itself.

——里昂・麥金森（Leon Megginson）

第 3 章

挑戰你的舊有信念

存活下來的並不是最聰明的物種，也不是最強大的物種，
而是身處多變環境中，最能應變與適應的物種。

你需要探索和成長，
能夠得到這個的唯一方法，
是強迫自己接受不舒服，
強迫自己走出去，離開你的腦袋。

熵增定律：一切問題的根本規則

什麼是「熵」？「熵」（entropy）是由德國物理學家和數學家克勞修斯提出的物理學定律。事物總是從有序走向無序，最終走向滅亡。其中「熵」表示事物內部的混亂程度，當內部混亂時，代表「熵」值高，當內部有序時，代表「熵」值低。我們所處的世界，萬物都傾向朝最大熵前進。如果我們把宇宙視為一整個巨大的孤立系統，熵狀態永遠只會增加，不會減少，亂度也會越來越大。

什麼是熵增定律

熵增定律是人類不可多得的價值總結。熵代表了一個系統混亂程度的數值，系統越無序，熵就越大；系統越有序，熵就越小。任何一個系統，只要是封閉的，且無外力作功，它就會不斷趨於混亂和無序，最終走向死亡。生意是如此，公司是如此，人生也是如此，這就是熵增定律。

例如，手機和電腦總是會越來越卡，電池電量會越來越弱，屋子總是會越來越亂，人總是會變得越來越散漫，機構效率總是越來越低下，等等。所以，電腦和手機需要定期清理垃圾，人要保持清醒和自律，企業要不斷地調整結構，這些都是為了對抗熵增定律。

有句話叫「家和萬事興」，就是因為一個家庭和睦的時候，就是熵最小的時候，因為「和」就意味著成員之間的默契，甚至是無摩擦的。「以和為貴」說的也是這個道理，「和」就意味著熵值最小。為什麼幾千年來，我們都是以儒家思想為主呢？因為儒家思想可以把社會的熵值減少到最小。儒家制定了很多規矩，其實就是為了社會可以有序地運轉。

為什麼我非常看好未來的社會，因為在大數據時代，每個人的行為都將被記錄，社會運轉的每一個環節都將被提前布局，一切都是規劃好的，因此整個社會的熵也將大大被減小。人的價值，就是為了使各種系統不斷地從「無序」變成「有序」，有序性就是世界上一切生命力和效能的本源。

如何對抗熵增定律

無論是對一個人還是一個企業來說，在沒有外力干涉的情況下，其本都是越來越走向封閉。對於個人來說，如果沒有外力督促，就會活在自己固有的思維裡，或者活在自己的偏見裡。叔本華說，世界上最大的監獄，是人的思維意識。

如果仔細檢查我們以往犯過的那些錯誤就會發現，絕大多數過失，都是由我們自己的「思維局限」帶來的，所以，人的思維和認知必須保持開放，要隨時接納各種新鮮資訊，這就是我們思維的相容性。

對於企業來說，如果沒有外界的催促（環境、政策、市場等的改變），就會在固定的模式裡循環，逐漸走向衰敗。所以，一定要避免封閉系統，一定要建立一個開放的體系……不開放就是死亡。

很多企業每年淘汰幹部10%，淘汰員工5%，沒有新鮮血液就會走向沉寂。未來一切資源都將變得開放，一切邊界和圍牆勢必被打開，行業、職業、專業之間的界限也越來越模糊，開始互相越界、穿插和共用。

那些優秀的企業，往往是一個無邊界的企業，手握用戶資源，擊穿了不同領域之間的圍籬，建立融會貫通的創新型組織。同樣的邏輯，人的能力邊界也被徹底打開，那些優秀的人，往往能夠在不同的思維路徑上找到交會點，成為一個游離於各種狀態之上的人。

學習的本質就是作功，一個系統只有外力在作功，才會擁有源源不斷的能量支持。巴菲特的合夥人蒙格說：「我一生不斷地看到有些人越過越好，他們不是最聰明的，甚至不是最勤奮的，但往往是最愛學習的。巴菲特就是一部不斷學習的機器。」

這個時代要求我們必須堅持不斷學習。計畫趕不上變化，變化不如進化。如何保持進化？就是要堅持終身學習。學習是一種作功，是防止熵增的最好外力。

學習可以讓我們突破自己的局限，例如很多人說我不善於演講、不善於表達、不善於邏輯，等等。而研究表明，人類可以透過練習、堅持和努力，去不斷挑戰自己的能力邊界。唯有學習才能突破自己，並且要讓突破的速度大於熵增的速度。

人在沒有外力干涉的情況下，會不斷走向無序狀態。如果我們對生活放任不管，或者放縱自己，那我們的生活將會變得越來越混亂，這就是懶散的必然結果。人為什麼要自律？因為自律的本質，就是把無序變成有序的過程。

當然，自律會很痛苦，但這只是當下的痛苦，未來卻會越來越美好；懶散是當下很開心，以後總有一天會後悔。比如，現在短片那麼流行，我們總能輕而易舉地享受那些火爆刺激的影片，這讓我們在看的時候覺得樂開懷，讓我們陷入短平快的刺激中不可自拔，時間一長就喪失了獨立思考的能力，喪失了上進心，讓我們變得越來越懶散。

網路是一把雙刃劍，一方面提供各種便利，另一方面又給予很多浮華的內容，這些內容的設計邏輯，都是以無限滿足人性偏好為標準的。

從來沒有任何一種東西，能像網路這樣對人性洞察得如此透徹，並且將人類玩弄於股掌之間，我們的文化成為充滿感官刺激、欲望和無規則遊戲的庸俗文化。越是在這樣的時代，越能凸顯自律的重要性。

人生的「熵」越大，生活就越平衡，我們也就越舒適，但也會越接近滅亡。所以我們要時刻提醒自己，不斷地走出各種舒適區，不斷地打破自己的平衡，主動迎接各種新挑戰。挑戰的本質，就是打破混亂性和無序性，我們當前主動迎接的挑戰越多，克服的困難越大，未來的生活才能更加有序，更容易被我們所掌控。

溫水煮青蛙的道理我們都明白，千萬不要再幻想歲月靜好，這個時代不適合溫順的羔羊，只適合矯健又凶狠的狼，狼從不幻想過上舒適的生活，牠們要的是自由，用奮鬥交換來的自由。

穩定的本質，就是擁有化「無序」為「有序」的能力，而不是始終躺在那裡，享受一成不變的東西。一定要記住一句話：如果你發現生活百無聊賴了，說明你已經趨於平衡了，這時你必須主動打破這種平衡，儘量走向更高層次的和諧，否則將面臨被淘汰的危險。

人性裡有一種本性——離不開原來的地方，或者習慣把自己固有的性格、行為路徑，當作最合理的狀態，本能地排斥和自己不一樣的東西。因此，我們總是會變得越來越傲慢，頑固不化，故步自封，不能對外界事物做出最客觀的評價。

人的行為有三種境界：第一種境界，為了生活，做自己不喜歡做的事；第二種境界，只有做自己喜歡的事，才可以更好地生活；第三種境界，駕馭各種新鮮事物，不再區分喜不喜歡。

真正的強者，是無我的。他們已經沒有個人主觀感受，也沒有自己的偏見，事物不再有喜歡和不喜歡之分，而能從容地做各種事。

因為做到了無我，所以就不會和外界有衝突；因為沒有「我」作為參照，所以也就沒有混亂，一切存在都是合理的。一旦到了第三種境界，你就沒有任何阻礙，「海納百川，有容乃大」。所有的絆腳石都能成為你的墊腳石，讓你攀得更高，看得更遠。

這個時代每個人都需要一場對自己的革命，需要把自己推倒重建。綜上所述，這五點就是我們對抗熵增的最好方式！其實人生就是一場修行。我們經歷的每一件事，遇到的每一個人，都是為了把我們推向更加合理的位置上，為了讓自己的行為路徑更加井然有序。

這就是生命的玄妙之處，我們總是試圖使自己更加合理，生活更加有序，然而一旦抵達這種最和諧的狀態，我們必須馬上打破這種平衡，再竭力使自己走向更加高維的和諧，也就是說，我們永遠都不能停下來。這就是人生的真諦：生命不息，奮鬥不止。

生態位法則：
把自己放在合適的位置上

生態位對了，做什麼都容易成功；生態位錯了，做什麼都容易失敗。生態位原是生物學中一個極其重要的概念，它對我們人生的意義極大，其重要性甚至不亞於熵增定律。

為什麼它這麼重要呢？因為人也是一種生物，但凡生物就必然遵循一些基本的生存法則，像是錯位競爭。而生態位就是一門研究生存與競爭的學問。所以，不論是動物、人還是企業，都有自己的生態位，找到自己的生態位，才能在這個世界上更好地生存。

那麼，什麼是生態位呢？很多人花了幾千元，甚至幾萬元，去學習生涯規劃、品牌定位、企業策略，最後好像什麼也沒學到，迷茫之處還是迷茫。

「有道無術，術尚可求；有術無道，止於術。」市面上很多課程教的都是「術」層面的東西，沒有深及本質。

那麼生涯規劃的「道」是什麼？品牌定位的「道」是什麼？企業策略的「道」是什麼？其實這些就是生物學中所說的生態位。生態位最初是由喬瑟夫·格林尼爾（Joseph Grinnell）提出，用於研究物種之間的競爭關係。後來逐漸被發展完善，並開始延伸到商業領域。

生態位是指在生物群落或生態系統中，每一個物種都擁有自己的角色和地位，即占據一定的空間，發揮一定的功能。怎麼理解這句話？其實這句話本身沒有什麼玄機，它只是第一原理，從它引申出來的學問，才是我們要努力去理解的東西。

每個物種都有自己的角色和定位，這很好理解。比如有的鳥吃昆蟲，有的鳥吃魚，有的鳥抓小雞。如果所有物種都是一樣的生態位，吃一樣的食物，住在同一個空間，能不能和睦相處呢？能！前提是資源是無限的，食物無限，空間無限，這樣物種之間就沒有競爭，如果是這樣，我們就能相安無事。這種沒有競爭、沒有天敵的生態位，就叫作原始生態位。

什麼情況下有原始生態位呢？就是我們常常說的藍海市場。雖然說資源不是無限的，但是基本上是夠用的，所以大家可以各取所需。就像「魚」，一開始這個世界上只有魚，大家都生活在遠古海洋裡，由於資源豐富，所以物種間的競爭並不激烈，公平享有同樣的資源。

但是這種狀態不會一直維持下去，因為一旦資源充足，生物就會瘋狂繁衍，所以每個物種所分得的資源將會越來越少，直至達到一個閾值——部分生物靠現有資源已經很難生存下去。這個時候，弱者就必須另謀出路——尋找新的生態位。

於是，有的物種從海洋來到陸地，對於它們來說，陸地又是一個原始生態位，資源夠用，沒有競爭，沒有天敵。但是這種狀態也不會維持太久，弱者又不得不尋找新的生態位。有的吃草，有的吃肉，有的會飛，有的行走……最後每個生物都找到了一個適合自己的生態位，大家互相制約，形成了一種穩定的平衡態。梳理一下，從物種整個進化的過程來看，我們可以得到什麼樣的啟發？

1. 原始生態位

一開始，由於資源豐富，市場容量很大，所以競爭不激烈，大家都可以活得很好。這就是我們常說的藍海市場，第一批進入藍海市場的人，也被叫作第一批吃螃蟹的人。

2. 現實生態位

但是藍海不是永恆的，因為地球上的資源是有限的，競爭者很快就會湧進來。於是每個人能分得的資源開始變得越來越少，競爭變得越來越激烈，直至達到一個閾值——弱者無法靠現有的資源生存下去。

最後就會出現三種情況：

⑴第一批吃螃蟹的人勝出。第一批吃螃蟹的創業者，一定要在巨頭進來之前，迅速做大，形成規模效應，這樣當你和巨頭的生態位發生重疊的時候，就是他死你活。這也是為什麼創業者需要拉投資、需要燒錢的原因，就是為了在巨頭進來之前，運用先發優勢迅速做大，然後成為絕對的強者。

⑵第一批吃螃蟹的人死亡。如果第一批吃螃蟹的創業者一直磨磨蹭蹭，沒有好好利用先發優勢，導致巨頭進來的時候沒有人家強，最後只能是他活你死。殘酷嗎？很殘酷，但這就是商業世界，和動物世界一樣，弱肉強食，適者生存。

⑶藍海變紅海，弱者需要尋找新的原始生態位。最終不論是第一批吃螃蟹的人勝出，還是巨頭勝出，這片藍海都將變成紅海。如果你覺得你打不過人家，最好的辦法就是尋找新的原始生態位，在那裡成為第一。不要在有巨頭存在的生態位裡拚第一，而要去新的生態位裡成為唯一。

寇斯定律：資源流向最能配得上的人

先來看一個場景：酒吧裡，一個美麗又大方的女士在獨自飲酒，有三個男人同時看上她。

A男士很優秀，但不會追女生的套路；

B男士條件中等，但是非常刻苦努力；

C男士條件最差，但精通追女生的技巧。

他們三個都想娶她，請問美女最後嫁給了誰？

在思考這個問題之前，我們先看一下著名的寇斯定律：只要產權是明確的，且交易成本為零或者很小，一項有價值的資源，不管一開始它的產權屬於誰，最後這項資源，都會流動到能使它價值最大化的人手裡去。

按照這個邏輯，再回答一下上面的問題，請問那位美女最後嫁給了誰？過往的各種現實告訴我們：這個美女往往選擇了B或者C，就是不會選中最配得上她的A。為什麼？難道寇斯定律是個偽定律？

資源流動的祕密

請注意，寇斯定律有個重要的前提，那就是交易成本為零或者很小。什麼是交易成本為零或者很小呢？就是我們很容易直接找到最合適的東西，或者說不需要再透過中間商、通路商，就能找到這些東西的時候，便是交易成本接近於零了。否則我們得花錢透過仲介才能找到它們，或者得買通擁有這些東西的獨家管道，這時交易成本都是比較高的。

而在這種狀態下，往往是先知先覺且優先行動的人更容易成功。為什麼呢？因為他們的交易成本低。他們知道自己的弱項，不能拚硬體，只能從軟性條件入手，能放下面子，多嘗試，奮力突破一些固有的原則，這時更容易搶到先機，與目標直接建立連結。

我們再以商業為例，分析其中的邏輯：改革開放初期，市場的口子忽然被打開，很多人還沒看明白的時候，那些最有膽識的人已經率先踏出一步了，所以這是「膽識」決定一切的時代，你有多大的膽，基本上就能成多大的事。你可以沒有文化，甚至連價值觀都能是混亂的。但是只要你出來做了，就很容易成功。

這很正常，因為那個時代資訊是不透明的、機會是不均等的、資源也不是共用的，這時交易成本是非常高的。在這種情況下，最好的資源不是給最會使用的人，而是給那些膽子最大、能第一步跨出去的人。

所以我經常說，之前的那個時代，一個人的成功，與個人能力和貢獻根本沒有太大的關係，只要你膽大、有闖勁、有眼光，你就能成功。

在網路越來越發達、資訊越來越對稱的今天，中間環節越來越少，這時社會的交易成本就越來越低，甚至開始趨近於零，走向一個價值高度對稱的時代。也就是說，我們越來越不需要為交易過程買單了，可以直接找到我們想要的目標（資源、人群等），直接奔向目標。

這個時代的機會越來越均等，管道越來越公開，資源越來越透明，例如網路公司最喜歡喊的一句口號是：「沒有中間商賺差價」，說的就是這個道理，每個人都能隨時找到你想找到的資源，很多時候也就是上網搜一下的事情，這個成本是接近於零的。那麼寇斯定律的前提成立了！

是威脅還是機會

在一個資訊和價值高度對稱的時代，每一個機會只留給最能配得上它的人。最好的技術（工具），一定會被最善於使用它的人所掌握，最有價值的思想，也一定被最具奉獻精神的人所獲取。

此時，社會的價值交換越來越高效，運轉效率將大大提高，這就要求我們時刻做好準備，機會是留給有準備的人，這句話終於成立了。如果我們自己的價值和層次沒有提升到位，即便運氣爆棚，機會一個個降臨，也會被我們逐一錯過。

商業的本質很簡單，就是給自己的客戶提供獨具價值的東西（服務或產品），同時實現收益（副產品）。我們獲得收益的多少，越來越取決於我們提供價值的大小，商業邏輯正越來越接近這一點。

無論科技怎麼發展，無論變化多麼劇烈，無論突發事件如何頻繁，有一點是不變的，社會一定朝著價值最優組合的方向發展，在演算法的配合之下，每一件東西、每一個人都將被最優化匹配。

這是一個套路過剩的年代，人人都熟悉了各種套路，而當所有人都在使用套路的時候，那些用心、有價值的人就成了最受歡迎的人。從現在開始，機會將越來越公平，法制和法規也將越來越完善，社會告別了野蠻生長期，開始向縱深、精細化發展。一個人如果想要成功，就必須依靠你能創造的價值，我們正在進入一個「價值」決定一切的時代。

在一個價值高度對稱的時代，每個人只能得到和他相匹配的東西，一旦所擁有的超過自己的能力與價值，就會出現麻煩。《周易・繫辭下》裡說：「德薄而位尊，智小而謀大，力小而任重，鮮不及矣！」因此，未來得到一件好東西的最佳方式，就是努力提升自己，讓自己配得上它。

財富守恆定律：德與得的平衡

房子、車子、土地、廠房等都是財富，財富的本質是物質，既然物質是一種能量，那麼財富就是一種能量。物理學中有一個重要的「能量守恆定律」——能量既不會憑空產生，也不會無緣無故消失，它只會從一種形式轉化成另一種形式，或者從一個物體轉移到另一個物體，而能量的總量保持不變。

既然能量守恆，那麼財富也會守恆：一個人的財富總量，取決於他對世界創造的價值總量。清華大學的校訓中有一句「厚德載物」，德，就是端正的品行，這本身就是一種能量，既然物質是一種能量，那麼能量就可以轉化成物質，有「德」就有「得」。

「厚德」其實也是「後得」。如果想增加財富的數量，就必須先提升自己的品行，和提高自己的貢獻。財富是外在的「得」，能量是內在的「德」。當我們內在的「德」大於外在的「得」時，內在德的能量就會轉化為外在物質的「得」，品德就會轉化成財富。

當我們發現自己的財富已經超出貢獻，可以主動把物質奉獻出去，譬如修建學校、扶貧助農、幫助災區等，讓財富和貢獻匹配，這就是主動平衡。但很多人永遠都是在無止境地追求物質財富，有了錢以後就大量買別墅、車子，生活奢侈，卻從不知道提升自己的品行以及增加自己的貢獻，總有一天會被自己的財富壓垮。當品行和貢獻配不上我們的財富和物質時，災難往往就開始發生了，這就是被動平衡。

不值得定律：做該做的事就夠了

什麼是不值得定律？與其做得好，不如想得開，很多時候，做一件正確的事情，要比正確地做十件事情重要得多。心中無事自無事，心中有喜常歡喜。難得來世間一趟，自然是要好好地生活，何必為了一些小事替自己添加麻煩呢？學會不值得定律，才可以在悠長歲月裡活得輕鬆自在。

沒必要的爭論，不值得辯

有人說，人生中最重要的八個字，是「關你啥事」和「關我啥事」。這八個字，就能解決80%的煩惱。這聽上去似乎是逞一時口快，但仔細想想，難道不正是這個道理嗎？如果你每天都要一次次地和別人解釋或爭論，那麼你的時間就在這些解釋和爭論中悄悄流逝了，你的好心情也因此漸漸被敗壞了。

《莊子．秋水》裡有這樣一句話：「夏蟲不可以語於冰者，篤於時也。」和不同層次的人爭辯，就是一種無謂的消耗。他從未到過你去的地方，不知道你讀過的書，不認識你遇見的人。隔著太多的障礙，溝通就是一場漫長的無用之事。你站在山巔，告訴他前面是一片汪洋；他在半山腰，只能看到滿目荒涼。與其和他辯論，不如朝著大海前行。

無意義的事，不值得在意

伏爾泰說：「使人疲憊的不是遠方的高山，而是鞋子裡的一粒沙。」很多擊垮人們的事情，並非是多大的難題，而是一些非常瑣碎的小事。因為那些看似微不足道的小事，會無止境地消耗人的精力。

東漢末年，有個叫孟敏的人，買了一只陶罐，在路上不小心摔破了。孟敏連看也不看一眼，逕自走了。路人覺得很奇怪，過去問他：「你的罐子打破了，怎麼連看也不看一下呢？」孟敏回答說：「罐子已經破了，看它又有什麼用呢？」

這世上，所有的事情都是有成本的，為不值得的事情浪費時間，必然會錯過其他的美好。與其把自己的一生浪費在不值得的事情上，不如立刻前行，不糾纏，不懊悔，不回頭。別人說兩句就急著跳腳，多半是內心還不夠篤定。內心豐盈的人，活在自己心裡，而不是活在別人嘴裡。

走遠的關係，不值得留戀

有句話是這樣說的：「不知道從什麼時候開始，在什麼東西上面都有保存期限，秋刀魚會過期，罐頭會過期，連保鮮膜都會過期。」多年前聽不懂歌裡那句「來年陌生的，是昨日，最親的某某」，如今聽懂卻已是曲中人。有些人不必強留，有些關係也不必強求。

要接受任何人的漸行漸遠，也要接受任何人的分道揚鑣。不要再像個孩子似的，抓住一樣東西就不肯放下，只有「捨」得一些，才能得到更好的。

卡貝定律：放棄有時更需要勇氣

有時候，成功需要一點格局，這個格局名叫「放棄」。美國電話電報公司前總裁卡貝就提過一條建議給員工：放棄有時比爭取更有意義，它是創新的鑰匙。這就是後來被奉為經典的「卡貝定律」。

如果你空有一腔熱血，卻始終在無足輕重的事情上摸爬滾打、費盡心思，那不是執著，而是愚蠢。當方向錯了的時候，停下來也是一種進步。弄清自己所擅長的地方，了解自己的力量，只有選對了方向，才有可能看到希望。

愛因斯坦曾說：「如果給我一個小時，去解答一道關於我生死的問題，我會先花五十五分鐘弄清楚這道題到底在問什麼。一旦清楚它到底在問什麼，剩下的五分鐘足以解答這個問題。」

The most reliable way to anticipate the future is to understand the present.

——約翰・奈思比（ John Naisbitt）

第 4 章

未來競爭的內修學分

預測未來最可靠的方法是了解現在。

勇於發現不一樣，
就會看到更多想像不到的世界。

權威不等於真理

先來看三個故事：

第一個故事

一九〇六年，一年一度的英格蘭西部食用家畜和家禽展示會上，舉辦了一場猜重量比賽。參加者要猜測一頭牛的體重，答案最接近的就能獲得大獎。幾百人踴躍參與，其中還有一位統計學家——法蘭西斯．高爾頓。他是達爾文的表兄弟，相信進化論。

因此，他對群體智慧不以為然——普通群眾沒有優良基因，猜出的重量肯定也不準。於是，他統計了七百八十七個人猜測的重量平均數，以此代表這個群體的智慧。計算結果是一千一百九十七磅，他估計這個數字一定和牛的體重相差甚遠。

結果，他錯了。牛的實際體重是一千一百九十八磅。群體的平均數比任何一個人的猜測都準。這是巧合嗎？不是。後來無數次的同類實驗，包括一個罐子裡能放下多少粒米、一個盒子裡能裝下多少花瓣等，都證明了這一點：群體估測的平均數是最優結果。

第二個故事

美國新墨西哥州聖達菲市的埃爾法羅酒吧在當地很受歡迎，有時客人一多，顧客滿意度就相對下降了。於是，經濟學家布萊恩·亞瑟（W. Brian Arthur），為這個酒吧的客流量與滿意度設計了一個問題。

他設定，如果客流量不超過六成，所有人都會開心，反之，所有人都不開心，並用電腦做了一個類比實驗。每台電腦採取不同的策略決定是否去酒吧，如「根據前一天的客流量決定」、「根據上周的客流量決定」等，模擬了一百個星期。

結果發現，雖然每天的客流量變化不定，但七百天裡日平均客流量恰好是60％！這意味著即使沒人領導組織，群體依然可能自發達成協調，使平均客流量達到能使每個人都開心的最大值。

第三個故事

大家想必都看過這一類的綜藝節目：參加者只要連續答對主持人提出的幾個問題，就能贏得獎金。當你不知道答案的時候，可以有以下幾種輔助方法：像是去掉一個錯誤答案，或請教你認定的「專家」，一般都是事先約好的親戚朋友，又或者徵求現場觀眾的意見。

統計結果顯示，透過請教專家答對問題的機率是65％，而透過徵求現場觀眾意見答對問題的機率卻高達91％！

以上三個案例，可見群體智慧的強大之處！

正是因為每個人都有自己的偏見、短見和利益衝突，所以需要用群體決策的方式，過濾掉這些東西，只要保證群體裡每位個體都能獨立思考，那麼群體思考的最終決策，就是大眾思考的平均值，我們依靠這種群策的機制，可以消除這些偏見、短見和利益衝突。

比如，演算法的本質，其實就是群體選擇的最優解。當某一個產品（資訊）被大部分人選擇的時候，系統就會自動地把這個內容推薦給更多的人。「區塊鏈」的本質也是群體決策的機制，當某項意見被大部分人採納的時候，就會自動執行下去，沒有任何人能干擾。

我們都知道螞蟻和蜜蜂是最有智慧的群體，螞蟻可以發現最短路徑，蜜蜂能保證協作效率的最大化，但是單看每隻螞蟻和蜜蜂，都只是普通的個體，牠們正是依靠群體決策，才產生了不起的智慧。

我們經常說的一句話——「群策群力」。誠然，大眾總有不理性和不成熟的一面，甚至愛看熱鬧、愛起哄。但最有意思的是：眾人在大是大非面前卻極少會犯錯，在群眾折射出的一股股精神思潮裡，永遠都蘊含著邪不勝正的理念，古今中外，概莫能外。

不信大家看看歷史，儘管其中總是出現曲折，好人被誣陷、小人得志等情況時有發生，但是最終的結果往往又是公平的。但是，為什麼歷史總是出現局部的曲折呢？或者說，為什麼歷史的局部總是會有群眾犯錯的案例呢？

首先，某個別有用心者干擾了群眾的思考。像是二戰時期的德國，正是因為出現了希特勒這樣的領袖，才將整個德國帶偏了方向。他的演講能力一流，極善於在大眾中製造情緒，最後讓很多人放棄思考，選擇跟隨領袖，結果領袖本身出現了嚴重的問題，讓整個民族走向悲劇。

我們總是迷信權威，甚至懶於思考，沉溺於安逸的環境，期望被權威帶著走，所以我們的獨立思考能力在不斷減弱。

其次，官僚機制遮罩了群眾的意見。極端領袖和官僚體制的產生，以及組織內部複雜的身分、地位、層級，導致很多個體意見被遮罩，而且其他成員也無法獨立思考。於是，大眾只能在反覆的錯誤中汲取教訓，歷史永遠都是在曲折中前進。

最終大眾發現，只有保證群體裡的個體都能獨立思考、多元發展、平等發言，才能真正發揮群體智慧的力量。歷史是英雄引領的，卻是由大眾創造的，正是因為群體的智慧，才保證結果的正義和公平，這才是一股無形的力量，推動著社會不斷前進。

英雄順時勢

先來看一個現狀：二〇〇四年以來，北、上、深房價大概上漲了十幾倍，所以，凡是在一線城市能有立足之地的，無論能力多麼平庸，很多都是千萬富翁。再換一個角度來看社會：二〇〇四年以來，無數製造業廠商的日子越來越難，很多企業家當時擁有億萬身家，如今卻負債累累。

熱血難敵潮流

同樣的時代，同樣是十幾年，同在一個國度，有人平步青雲，有人卻跌落谷底。這究竟是為什麼？研究了幾年之後，我得出這樣一個結論：我們身處一個跌宕起伏的大時代，短短十幾年卻經歷了一個大周期。凡是踏準了周期節點的人，都被送到了浪潮之巔；凡是一腳踏空的人，都被巨浪掀翻。

這和人的智商、天賦以及勤奮的程度，沒有太大的關係。要知道，在一個各種變化不斷來襲的時代裡，我們就像是在大浪裡航行的船，面對洶湧的波濤，無論多麼拚命地划船，其作用都微乎其微。

人生福禍得失，皆因時代周期而起。人和人的命運確實有很大的不同，有的人順風順水，有的人歷盡坎坷。之所以有這種差別，更大程度上應該歸結於一個人能不能借勢發力。命運最大的不同，其實是人發力原理的不同。

我們再來看看宇宙的樣子吧。它就像一個大漩渦，可以看成是一股正在旋轉的能量。它蘊含著巨大的「勢能」，如果我們能順應宇宙的能量一起運轉，就是順勢而為，就可以「坐地日行八萬里」。而我們的方向如果和宇宙大勢的方向相反，必定會在運轉中受到很大的阻力。

這種無形的力量就叫規律，它是宇宙的勢能，也是一股股時代發展的浪潮。在時代規律面前，我們真的很渺小，我們的想法、努力、犧牲根本不值一提。我們就像時代洪流中的一葉浮萍，無論多麼才華橫溢，無論多麼拚搏上進，都無法逆轉這個巨大的規律旋渦。

審時合勢，順時而動

很多人說，活著就是為了改變世界，而現實情況卻是，世界有它自己的客觀規律，沒有個體能改變世界。什麼樣的人可以被稱為神人呢？一旦看透規律，順應規律辦事，踩準每一個變化節點，這就是神人。大多數人只適合埋頭做事，這叫謀事；一部分人學會了見機行事，這叫謀時；極少數人善於審時度勢，這叫謀勢。

舉個例子來說明。現在流行的新能源電動車，早在一八八一年就被發明出來了，這比卡爾·賓士（Karl Friedrich Benz）發明的汽車還要早五年。然而直到一百多年後的今天，電動車的快速普及，才讓人們對它燃起熱情，還稱其為新能源。

這是為什麼呢？因為汽油是一百多年前的新能源，它取代了煤，符合當時的歷史潮流。而電力只有在現在，才是最與時俱進的新能源。所以，一個人要想獲得成功，一定要考慮自己所處的歷史進程與整體的大環境，還有所處時代的需求，而不是只顧埋頭苦幹。

再看一個例子：梵谷和畢卡索，生活在同一個時代，皆是才華橫溢的畫家，他們倆的命運卻有天壤之別。梵谷一生窮困潦倒，有生之年只賣出一幅畫……最後還自殺了。而畢卡索活到九十一歲，人生燦爛輝煌，擁有很多豪宅和巨額現金，是史上最有錢的畫家。同樣有才華，處在同樣的時代，兩人的命運竟然如此迥異，難道真的只是造化弄人嗎？

究其本質，梵谷的作品不屬於那個時代，他只顧自己內心的感受，過度沉溺於自我的世界。而畢卡索很懂得抬頭看天，是一個很能認清自己所處時代的人。十九世紀西方的金融體系還不太完善，但畢卡索已經學會利用信用創造財富，他的一生便印證了中國的一句古話：識時務者為俊傑。

北宋名臣呂蒙正有一篇奇文叫作《命運賦》，他居丞相的高位審視人生，寫出了如下絕妙的總結：蜈蚣雖有上百隻足，卻不如蛇爬得快；雄雞的翅膀雖很大，卻不能像鳥一樣飛行；馬有日行千里的本領，沒人駕馭也不能到達目的地；人有遠大的理想，缺乏機遇就不能實現。

漢將李廣雖有射虎中石的本領，卻終身都未獲封侯；馮唐雖有治國的才能，卻一生懷才不遇；韓信時運不濟時，連飯都沒得吃。有人先富後窮，也有人先窮而後富。

呂蒙正也反思了自己的命運：以前我在洛陽，白天到寺廟裡吃齋飯，晚上住在寒冷的窯洞裡，大家都說我卑賤，是我沒有機遇啊。現在我入朝為官，官職做到三公，只在皇帝一人之下。別人都說我能力強，其實只不過是我的時運到了而已。

呂蒙正發出這樣的感慨：「人生在世，富貴不可捧，貧賤不可欺，此乃天地循環，終而復始者也。」既然按照規律辦事可以成功，那麼，這世間最大的規律是什麼呢？

物極必反，盛極必衰，否極泰來。沒有永遠的強者，也沒有永遠的弱者。

規律就是這樣反覆無情。在這一過程中，那些立於不敗之地的人，往往都是恰到好處地掌握了規律轉折的人。他們在事物即將發生反轉的那一刻選擇出手，從而使自己人生的最高點，永遠都處於一種「似到未到」的狀態，這才是一種大智慧。

如范雎當退則退，曾國藩適可而止。欲戴王冠，必承其重。水能載舟，亦能覆舟。其實大部分人的成功都是時代的成功，或是時代助推的結果。時來天地皆同力，運去英雄不自由。然而，有很多富人總以為自己成功了就是大功告成了，他們就開始高枕無憂、不思進取，越來越貪婪，不懂得感恩時代，不懂得及時反哺社會，等待他們的很可能是災難。因為有一隻無形的手在調節社會的公平，最大的規律是人心。

最後做個總結，人的成就究竟是從哪裡來的？我認為都是修出來的。一個人要想永遠立於不敗之地，唯有不斷加強自己的人品修養。就像《命運賦》裡的一段話：「時遭不遇，只宜安貧守分；心若不欺，必然揚眉吐氣。初貧君子，天然骨骼生成；乍富小人，不脫貧寒肌體。」

意思是：時運不好的時候，只要踏實努力就好了；不卑不亢，總有一天會有所成就；心中坦蕩的人，即便貧窮也會有浩然正氣；一時得志的小人，永遠擺脫不了猥瑣的形態。

世界變幻莫測，若想立於不敗之地，就必須做到小我，懂得感恩，辛勤耕耘，扎扎實實地去創造。未來的時代，只埋頭拚命已經沒有用了，「廣結善緣」比「埋頭苦幹」重要，「心態端正」比「頑強奮鬥」重要。

放下才能得到

尼采說，美好的事物總是彎曲地接近自己的目標，一切筆直都是騙人的。因此，你越想得到什麼，就越需要放下什麼。放下什麼，就得到什麼，這是一門大學問。人生真正的轉捩點，往往就在你「放下」的那一刻。

放下小我，得到大我。《周易》裡有這樣一個說法：以自我為中心的人，將困於人生最大的陷阱。這讓他們陷入「自我算計」的輪迴裡，永遠不可自拔。當「我」字被過分強調時，就會變成詛咒。唯一超脫的辦法是，「後其身而身先，外其身而身存」，忽略掉小我，才能成全大我。

放下「放縱」，得到「自由」

當你不再放縱、學會自律的時候，就擁有了真正的自由，因為只有你知道自己的行為邊界在哪裡時，才能知道自己的自由空間在哪裡，從而獲得自由。放下執念，得到快樂。大多數人的心，都被各種外物牽掛，這其實是一種執念，只有捨棄這些執念，才能得到真正的快樂。

放下舊愛，得到新愛。萬事萬物，總是處於新陳代謝之中，愛情、事業皆然。放下過去，放下從前的擁有，心也許會痛苦一陣子，但不會痛苦一輩子。舊的不去，新的不來，有大破才有大立。最聰明的人，是那些懂得捨小取大的人，他們看起來吃了小虧，卻占了大便宜。例如懂得讓利於人，給別人一點點小恩惠，就會讓你的生意門庭若市。

懂得把別人最想要的東西給他們，往往相當於你在這件東西價值最高點的時候拋掉了，從而將價值最大化地變現。那些斤斤計較、每一分錢都緊緊抓住不放的人，往往就會一毛不拔，最後使自己寸草不生。

人生的最高境界無非兩個字：放下。如果能放下產品做產品，放下生意做生意，放下賺錢去賺錢，就容易成功了。在一場賭局中，決定勝負的東西是什麼？其實既不是技巧，也不是運氣，而是你下的注！為什麼呢？有人拿普通瓦片當賭注，賭得自如瀟灑，因為他不在乎這片瓦，所以不急不躁，穩紮穩打。

而那些拿黃金當賭注的人，在賭局還沒有開始的時候，就神志昏亂了，其結局也就可想而知！因為他太在乎每一場賭局了，放不下手裡的東西，患得患失，氣度和魄力全無！其實，現在很多人之所以老是輸，走不出困境，都是因為被自己手裡的東西束縛住了，放不下。

武學裡有一句古話：心狠手不準。意思是心越狠的人，出手越不準。因為他總是恨不得一下子就把對方置於死地，所以每一招都是撒手鐧。但越是這樣的心態，越不容易打準對方的要害。

還有一個例子：一個男生追女生，越在乎女生，心中越放不下，就越追不到她。為什麼呢？因為他太想得到對方了，以至於做每一件事的目的性都很強。這導致女孩子有一種被挾持的感覺，潛意識中就想離這個男生遠一點。而那些能放下的男生，都善於利用欲擒故縱的辦法，這才是真正掌握了追女生的王道，他們看起來若即若離，卻悄然間抓住了女生的心。

調整得失心

很多人事情之所以做不好，就是因為把手裡的東西攥得太緊了，或者總是盯著目標不放，所以誠惶誠恐、畏畏縮縮。「凡外重者內拙」，意思是凡是看重外物的人，內心一定笨拙。我見過很多人談自己的產品時，反覆地說產品有多好，從材料到做工，從價格到服務，比市面上的其他產品好很多，但就是賣不出去，為什麼呢？

因為他被自己手裡的東西給綁住了。決定產品價值的，不只產品本身，還包括其他的東西。像是喝茅台真的是為了喝那個酒嗎？排隊買蘋果真的就是為了一支手機嗎？如果不能放下產品去談產品，就會永遠被套在產品裡出不來，越陷越深。

同樣的道理，很多人一上來就推銷東西給你，迫切地想把產品賣給你，這種人充其量就是一個銷售員。真正厲害的銷售是放下銷售談銷售，不知不覺中就把東西賣給你了，還讓你覺得自己占了一個大便宜，從而促使你進一步消費。

世間所有的技巧都可以學習，人的能力和機遇也都差不多，最關鍵的差別就是心態。如果一個人能放下，就在他放下的那一刻，一切死結都解開了，人也頓時覺悟，心境馬上就不一樣，解決問題的方法自然就有了！

但是，現代人的欲望都太強了，恨不得一口吞下所有食物，甚至把每次機會都當成一夜暴富的救命稻草，在面臨各種機會時患得患失、綁手綁腳、驚慌失措。越放不下，就越容易失去。

所以，絕大部分人不是敗給對手，而是輸給自己。世間的大部分失敗，原因其實是「在乎」二字。為人做事，「放下」就是最高層次的操控，就是主導一切變局的祕訣。放下產品談產品，放下創業談創業，放下理想談理想，才能真正觸及本質問題，才能有

「山重水複疑無路，柳暗花明又一村」的感覺。

每個來到這世界的人，都帶著一個共同的目的：求名圖利。但是，如果一個人能放下名利心，就是名利雙收最好的辦法。「當局者迷，旁觀者清」，只有將自己置身於事物之外，才能把事物看得更透徹，才能對局面把握得更精準，才能有一種超然的心境，視寵辱如花開花落般平常，視變化如雲捲雲舒般自在。

要賺錢先賺信用

在大數據和雲端運算時代，我們都是透明的。每一天、每一個人、每一種行為，都會被精準地記錄下來：你和誰通過幾次電話？用了哪幾個APP？通訊軟體聊了什麼關鍵字？網路上買了什麼東西？住過哪家酒店？乘坐哪一班高鐵或飛機？去了哪幾個場所？這些全部被登記在案，形成一個個行為軌跡。

資訊透明化

不要以為你藏起來就沒人知道，只要你打開手機，基地台就可以迅速獲知你的方位，透過手機訊號便能算出你和基地台的距離。當三個基地台同時工作的時候，就能精準地確定你的位置。

不要以為你們偷偷地聚會就沒人知道，要了解，每一個人都是有身分標籤的。當某一種敏感標籤同時出現在一個地點的時候，說明你們又在籌畫什麼了。所以，在這個時代下，千萬不要以為自己每天做的事沒有人知道。其實，只要到了關鍵時刻，這些都可以被隨時讀取。

沒錯，人類正從蜂窩時代升級到廣場時代。所謂蜂窩時代，就是沒有網路、沒有大數據的傳統時代。那時候的社會結構，就像一個個小蜂巢，我們不知道裡面發生了什麼事，或聚集了什麼樣的人，這就很容易形成各種凌亂的個體和小群體。管理者無法掌握所有人的習性和行為，這就為投機和犯罪帶來了各種便利。

所謂廣場時代，是指網路的發展，讓人類的一切都被串聯並呈現出來。如今這個社會，每個人都要在大庭廣眾之下工作和生活，每個人都在無形中被監督，而且社會的邊界和圍籬越來越少，流動性和協作性大大增強。

這就好比複雜暗淡的夜空，一下子變成了朗朗乾坤、昭昭日月。例如，曾經我們看到的每個網站的頁面都是一樣的，因為這些頁面是統一面向所有人的。

而現在，有心人早就發現了這樣一個事實：我們看到的今日頭條、推播廣告、谷歌都是不一樣的。因為那些網站或APP，早就根據我們的閱讀和點擊習慣，追查到每一個人的愛好和需求。看看你的購物首頁，那幾個產品一定是你經常留意的；今日頭條的新聞一定是你最關心的領域；再看看谷歌下面的購物、廣告、招生、遊戲等資訊，全部都和你的個人符號息息相關。

這樣也好，社會正在從「千篇一律」升級到「千人千面」。未來，每個人都會沉浸在自己的世界裡，而且越來越沉溺，甚至無法自拔，可悲的是，我們也越來越無法窺見世界的全貌。又如，有一個非常有意思的現象，我最近收到各個銀行發來的簡訊，告訴我可以有多少貸款額度，因為銀行已經追蹤到了我最近在看房的行為，再結合我的房貸和收入狀況，它們知道我需要什麼，且能計算出我是它們的合格客戶。

人必須光明正大地做事，你的收入來自哪裡？收入有多少？繳的稅是多少？消費在哪裡?這些同樣都會被清晰記錄,不要再想偷偷摸摸做什麼事了。公司必須正規化,收入支出、保險、稅務必須按正規流程走,因為這些資料都會被詳細記錄,再想渾水摸魚,真的是很難了。

最值錢的是信用

投機的機會將越來越少,因為傳統的投機行為,只發生在社會的野蠻發展時代。如今,社會越來越精細化,每個人必須精耕細作,腳踏實地地做事才能謀得一席之地。

如今,一個人身上最值錢的是什麼呢?答案是信用。金融機構將越來越看重一個人的信用,而不是他的固定資產。現在各種網路金融平台,都是根據一個人的信用度,來確定他貸款的額度,信用評分成了一個人信用的重要參考資訊。

現在,一個人有沒有犯錯,需要付出什麼代價,不再是某一個機構的人為決策,而是資料記錄到一定程度,就會有相應的措施自動施加。像是你在這裡違規了,那麼你的信用評分就會降低，權力也會縮小了。

以往，每一個人作為價值創造者，需要有公司或組織去分配自己的價值，如獎金、提成等。而如今，每個人創造的價值，都能被精準地記錄與分配，並及時兌現，而且非常透明、公開。隨著區塊鏈的發展，每個人的信用價值被時刻記錄存檔，任何機構都無法更改。以上這些都在逼迫我們時刻檢點自己的行為，真是要想人不知，除非己莫為。我們終於發現，讓社會走向美好的不是道德，不是利益，而是公平的規則和制度。

The more you understand yourself and others,
the better your life will be.

——阿爾弗雷德・阿德勒（Alfred Adler）

第 5 章

人性課外課

越是理解自己和他人，就越能有更好的生活。

表現出來的東西未必是真的，
真正的東西也未必會表現出來，
不執著於表象，才能看到「真」的東西。

人的欲望與軟弱

人因不完美而奮發向上，而人生會因不完美而更趨完美。了解人的無用面與黑暗面，面對脆弱的自己與他人，是任何年齡、任何世代的重要人生課題，是生命路上勇敢前行的希望與力量。

渴望被關注和讚美

大多數人的快樂，並不是因為自己富有、聰明、漂亮，而是因為自己比身邊的人更富有、更聰明、更漂亮，所以才感到快樂。所以，人性裡有一種基本屬性——喜歡幫自己製造優越感。

我們在各種場合都能看到這種人，他們一張口就把自己擺在優越的位置上，滔滔不絕地講述很多他的了不起之處，然後一邊俯視你，一邊講大道理給你聽。這就是好為人師的人，他們表面上在啟發你，其實是在幫自己製造優越感。所謂的教育和指導別人，包含了我比你強的自以為是。

這就是人的本性，每個人都需要在他人面前表現自己的了不起，從而獲得自己的虛榮與滿足。好為人師往往意在求榮。他們不懂裝懂、反覆說教，習慣將自己的看法、觀點強加於人。其實大部分人侃侃而談，只不過是滿足自己的口舌之快而已。

我們每個人的認知，都受到各種因素的限制，我們一生所看到、所經歷的都是很有限的。當一個人意識到自己的行為是愚蠢的，但卻設法掩蓋時，便是傲慢了。在兩千多年前，亞聖孟子就說：「人之患在好為人師。」好為人師的結果往往是自取其辱，為了顯示自己的聰明，實際上卻暴露了自己的愚蠢。

追求優越感和逃避自卑感

人為什麼總有痛苦？因為人和人之間一直在互相為難。那些喜歡刁難別人的人，往往是因為被別人刁難的太多，所以想補償回來。例如，很多業主對保全態度不好，不給他們留一點尊嚴，於是保全轉身就會對那些送外賣的態度不好，甚至故意為難他們……

魯迅說：「勇者憤怒，抽刃向更強者；怯者憤怒，卻抽刃向更弱者。」現實生活中，當一個弱者被欺壓之後，往往會把怒氣轉向更弱者。在外頭受了氣的男人，因為沒有能力去報復那些讓他受氣的人，回到家就打罵老婆孩子、踢貓踹狗、東摔西砸，這就是典型的補償心理！

如某人忽然挨了上司一頓罵，回到辦公室就會把自己的手下罵一頓，這便是沒有器量的表現。再如，在廣告行業裡，某個甲方的負責人如果遇到不公平的事，就會使勁地折磨服務自己的乙方，好像看到他們被折磨得死去活來，自己就會好受一些……

當最弱的那個人無可欺負的時候，往往會冒出念頭去報復那些最強者，這就是弱者對強者的反噬。如果我們不善待弱者，總是把怒氣轉向他們，把最陰暗的東西留給他們，最終受害的一定是我們自己，不管你的地位有多高。

其實，只有懦夫才享受欺凌弱者的快感。他們不僅不解決問題，反而用情緒轉移的方式，試圖化解自己身上的缺陷，這是一種無能的表現。也就是社會上很多人的心態：如果我過得不開心，那麼我就想看到別人也不開心；如果我爬不上去，就拉住別人，讓他們也爬不上去。人生已經很難，我們為何又要苦苦相逼？有時放人一馬，就是放自己一馬。

見不得別人比自己好

大多數人痛苦並不是因為自己平庸、貧窮而痛苦，而是因為身邊人比自己條件優越而感到無比痛苦。所以，人有一種本性——總擔心別人比自己活得好。在生活中，我們總會發現更優秀的人，你的層次越高，發現的頻率就越高。面對這些人，高認知的人去欣賞、學習，而低認知的人則會嫉妒。

羨慕和嫉妒的區別主要有：

(1)離得遠的羨慕，離得近的嫉妒；
(2)比自己強很多的羨慕，比自己強一點兒的嫉妒；
(3)和自己沒有利益關係的羨慕，和自己有利益關係的嫉妒。

所以，嫉妒一旦形成，就是認可自己的無能。嫉妒心強的人，只能選擇不如自己的人做朋友，因為他們的滿足感，需要建立在別人不如自己的基礎上，於是他們生活在一群不如自己的人當中。

而那些善於欣賞和學習的人，則永遠都會往上一個層次邁進，因為他們不會因為別人比自己強而痛苦。相反地，他們卻很享受和這些人在一起的過程，因為這樣才能進步，於是他們生活在一群更優秀的人中。

掌控的喜悅和失去控制的恐懼

有些人的自信，並不是因為自己可以做出多麼了不起的事，而是認為自己和身邊人相比，是一個了不起的人。所以，很多人都會自命不凡。每個人內心深處，都有一種「以自我為中心」的意識，它是與生俱來的，不停地暗示你，自己的一切才是最優秀、最合理的。

但凡接觸到外界那些出乎自己意料之外的事情後，他們就會感到驚慌失措，這時自我保護機制便會迅速啟動，他們的大腦立刻蒐集一切線索，去證明別人的成功是僥倖的，如果自己有同樣的客觀條件，會比他們做得更好。

所以大多數時候，我們寧可自欺欺人，活在自己的世界裡，也不願意承認平凡。很多人從小就開始自命不凡，長大後卻發現自己並沒有小時候想得那麼偉大，於是就把希望寄託在孩子身上，盡一切努力給孩子創造優良的成長環境，拚命培養孩子，目的只有一個：望子成龍，讓孩子成為不凡的人。

這種教育觀念下培養出來的孩子，他們長大後急切想要成功，卻因為自己的能力不足和各方面條件的制約，最後逼得自己無路可走。其實，一個人想要從平凡變非凡很簡單：首先，承認自己的平凡；其次，尋找內心的平靜；最後，發現自己的非凡。但是大多數人都過不了第一關。

以上四點就是人性的四大弱點，也是大多數人無法逾越的四道坎兒。綜上所述，一個人強大的程度，需要看他戰勝人性弱點的程度而定。那些取得非凡成就的人，往往是逆行的，正所謂「真理往往掌握在少數人手裡」。願你戰勝這四大弱點，從「平凡」走向「非凡」！

跟你以為的不一樣

一個人想要立於不敗之地，必須對當今社會有深刻的認知。以下這二十個迷思，能讓你看穿社會、看透人性，在職場、社交等場合中，重新構建嶄新的思維體系。

1. 我們總以為，消費者想要的是貨真價實的產品。實際上，他們要的是能把他帶入一個故事場景裡的產品。雖然這種方式很簡單，但消費者還是會不斷地買單。

2. 我們總以為，觀眾想要的是有思想的好作品。實際上，大多數觀眾要的只是一種心理上的自我安慰，需要的是自我陶醉。

3. 我們總以為，大眾最想要的是各種真相，因此，我們就努力呈現真相。實際上，透過《烏合之眾》我們可以了解到，大眾追求的並不是什麼真相，而是各種情緒和欲望，是盲從、偏執和狂熱。那些讓大家感覺不爽的「真相」，反而一直不聞不問。但某些能給大家帶來美好幻想的謊言，卻讓眾人狂熱追求。

4. 我們總以為，大眾都是成年人，應該理性且成熟。實際上，很多人的心理還停留在嬰兒階段。他們既不想得到價值，也不想聽什麼道理，只想得到好處。他們就像嗷嗷待哺的孩子，一旦得不到好處，就會哭鬧不休。

5. 我們總以為，在這個網路時代，每個人都能隨時隨地獲取各種資訊。實際上，越是在這樣一個似乎什麼都能看得見的時代，我們越什麼都看不見。

6. 我們總以為，遇事講道理是有用的。實際上，只有當別人也講道理，大家都遵守規則的時候，講道理才是有用的。只有對文明人才能講道理，面對流氓和小人，你講不清道理。

7. 我們總以為，一切關係都是邏輯關係或者情理關係。實際上，很多關係都是利益關係。

8. 我們總以為，做人最重要的是靠能力，做事最重要的是靠拚搏。實際上，你和誰結成了利益共同體，才能決定你的發展。因此，不能只埋頭做事，還需要不斷地抬頭看勢，這就是「識時務者為俊傑」。

9. 我們總以為，規則是用來讓人遵守的。實際上，規則是用來被不斷打破的，就看你能不能打破。

10. 我們總以為，人的自由度越高，社會就越平等。實際上，當人的綜合素養還沒到一定的階段，當人還沒普遍地學會自律的時候，絕對的自由只能導致絕對的奴役。人都被各種商業利益操控，人性將被約束。

11. 我們總以為，給孩子創造最好的條件，把自己最好的都留給孩子，就是父母最大的責任，這樣心裡才能踏實。實際上，世上最大的悲劇是讓孩子「蠢而多財」。自古以來，企圖給孩子留一筆錢，夢想讓孩子也可以富貴逍遙的人，基本上沒有實現的。相反地，那些留下良好習慣、家風的家族，卻可以興盛延續多代。

12. 我們總以為，講各種大道理給孩子聽，就可以讓他們好好讀書，熱愛學習。實際上，孩子從來不會聽你說，他們只會模仿你。因此，大人教育孩子讀書的最好辦法，就是以身作則。而有一些家長自己從來不讀書，時間都花費在酒桌、牌桌和各種低級趣味的娛樂上，卻指望著孩子的精神趣味在書本上，這太荒謬了。

13. 我們總以為，一個老實人往往是比較可靠的。實際上，很多老實人都是因為沒見過世面或沒有機會而老實，他們一旦有了機會，往往立刻就變了樣。真正的老實人是經歷過風風雨雨後，依然守得住自己初心的人，是見過各種世面和誘惑後，依然淡定和坦然的人。

14. 我們總以為，那些對我們恭敬的人，都是真正的朋友，是應該善待的客人。實際上，那些喜歡用語言來討好我們的人，往往口蜜腹劍，內心對我們也許已是百般不滿。相反地，那些總是對我們直言不諱、讓我們感到不舒服的人，才是成全我們的貴人。「良藥苦口利於病，忠言逆耳利於行。」我們每個人都需要一面鏡子。

15. 我們總以為，一起合謀做了壞事而沒被發現，一切就會萬事大吉。實際上，只要有不正當利益，就會有分贓，一旦分贓不均，就會引發仇恨和嫉妒，從而導致報復，事情總會有敗露的那一天。因此，做一個堂堂正正的人才是最明智的。

16. 我們總以為，談戀愛就要找個一心一意，並且毫無保留對自己好的人。實際上，這就是悲劇的開始。因為只要有犧牲，就意味著不公，最後總會失衡，甚至拔刀相見。

17. 我們總以為，那些對天發誓的愛情最值得珍惜。實際上，真正會愛別人的人，一定會先愛自己，會經過百般努力，讓自己成為對方喜歡的模樣，而不是打著愛別人的名義，去要脅別人來滿足自己。愛情的最高境界，是兩個人透過相互激勵和影響，最後都變成了彼此喜歡的模樣。

18. 我們總以為，當一個人無緣無故地為自己付出時，是因為自己遇到了一個好人，遇到了對的人，然後心安理得地接受。實際上，在今日社會裡，如果一個人總是無條件地對你好，往往會以對你好的名義窺探你擁有的東西。世界上沒有無緣無故的忠誠，人和人最健康、最長久的關係，就是互相成全，而不是犧牲一方成全另一方。

19. 我們總以為，要盡最大努力地幫助每一個人。實際上，當你提供幫助給一個人，遠遠超過了困境對他的限制，他就會對困境麻木，甚至放棄突破困境的意願，對你形成依賴，由感激變成理所當然。當你不再施捨的時候，他就會和你反目成仇。因此，幫助一個人的最高境界，就是幫他實現自力更生，然後離開。

20. 我們總以為，簡簡單單地做一個好人就夠了。實際上，這個世界對好人的要求，真的是非常嚴苛的。如果你被當成一個好人，就必須做到完美無缺，大家會把所有的道德枷鎖套在你身上。哪天你要是有一絲一毫沒有做到完美，你所有的努力都會前功盡棄。一個人有多善良，就必須有多高的智商與之相匹配，還要有能力保護自己。

巨嬰與槓精模式

心理不成熟的成年人稱為「巨嬰」。一個成年人需要擁有成熟的特質，面對和處理進入社會後，需要應對的種種難題。而巨嬰心智依舊停留在幼兒階段，表現在生活的態度上是無法為自己負責，缺乏別人考慮的能力，沒有規則意識，只看得到自己的需求。

抬槓本來是單純的一種爭辯的行為，但被貼上「槓精」，給人的感覺完全不一樣了。槓精們為了抬槓而抬槓，無論你說的是對還是錯，他們總有反駁你的理由和藉口。他們反駁的目的，並不是有不同於你的觀點，也不是說服你；而是他們從一開始就只想要反駁你。

成人幼稚化

巨嬰與槓精的共同特點，就是幼稚、不成熟、不合邏輯。他們只想著自己、無視現實、對他人缺乏尊重、無法承擔與面對責任、認為世界必須要按自己的想法運轉、缺乏正確的自我認知、內心特別脆弱又自卑。不成熟的人不懂得只有春天播種，秋天才會收穫，他們在做任何事情的時候，剛剛付出一點點，馬上就想要得到回報。如學鋼琴、英語等，剛開始就覺得難，發現不行，立即就要放棄。很多人做生意，開始時沒有什麼業績，就想著要放棄，有的人一個月放棄，有的人三個月放棄，有的人半年放棄，有的人一年放棄。放棄成了一種習慣，一種典型的失敗者習慣。所以，你要有眼光，要看得更遠一些，眼光是用來看未來的！

一句話送給在生活中有放棄習慣的人：「成功者永不放棄，放棄者永不成功。」那為什麼很多人做事容易放棄呢？美國著名成功學大師拿破崙．希爾（Napoleon Hill）說過，窮人有兩種非常典型的心態：一是，永遠對機會說不；二是，總想一夜致富。

你把機會放到他的面前，他都會說「不」。你開飯店很成功，你把開飯店的成功經驗，發自內心地告訴你的親朋好友，讓他們也去開飯店，你能保證他們每個人都會去開飯店嗎？是不是照樣有人會不幹？所以這是窮人一種非常典型的心態，他會說：「你行，我可不行！」

想一夜致富表現在你跟他說任何的生意。他的第一個問題就是「賺不賺錢」，你說「賺錢」，他馬上就問第二個問題「容易不容易」，你說「容易」，他跟著就問第三個問題「快不快」，你說「快」，這時他就說「好，我做」。

大家想一想，在這個世界上，有沒有一種「又賺錢，又容易，又快」的生意呢？沒有，即使有也輪不到我們。所以，在生活中，我們一定要懂得付出。那為什麼你要付出呢？因為你是為了追求你的夢想而付出。人就是為了希望和夢想而活著，如果一個人沒有夢想、沒有追求的話，那一輩子也就沒有什麼意義了！

你想獲得什麼，就得先付出什麼。你想獲得時間，就得先付出時間；你想獲得金錢，就得先付出金錢；你想得到愛好，就得先犧牲愛好；你想和家人有更多的時間在一起，就得先和家人少在一起。

但是，有一點是明確的：你在這個項目中的付出，將會得到加倍的回報。就像一粒種子，你把它種下去，然後澆水、施肥、鋤草、殺蟲，最後的收穫就會是豐厚的。在生活中，一定要懂得付出，不要那麼急功近利，馬上想得到回報，天下沒有免費的午餐，輕輕鬆鬆是不可能成功的。

擺脫精神上的不成熟

其實巨嬰與槓精的行為模式，是一種自我防禦機制，當自我認同和社會背道而馳時，在焦慮中保護自我，表達自己渴望被外界在乎的心情，避免去面對暫時無法承受的情緒，但也會帶來一些阻礙和困擾。

我們可以覺察、看到它，透過不斷地擴大自己的意識範圍，更清楚地認識到自己的狀態，讓自己慢慢從不成熟的走向成熟的，從不適應的向適應性更好的方向發展。

你要改變自己的思考方式和行為模式。其實，人與人之間的能力並沒有多大差別，差別在於思考方式的不同。一件事情的發生，你去問成功者和失敗者，他們的回答是不一樣的，甚至是相反的。

我們今天的不成功，是因為我們的思考方式不成功。當你種植一顆思考的種子，就會有行動的收穫；當你把行動種植下去，就會有習慣的收穫；當你把習慣種植下去，就會有個性的收穫；當你再把個性種植下去，就會決定你的命運。

你要改變自己的壞習慣。很多人都有一些壞習慣，如沉迷電視、打麻將、喝酒、泡夜店。他們也知道這樣的習慣不好，但為什麼不願意改變呢？因為很多人寧願忍受那些不好的生活方式，也不願意忍受改變帶來的痛苦。

如果在生活中，你喜歡議論別人的話，有一天這種情況也一定會發生反轉。有一句古話：來說是非者，便是是非人。

你喜歡那些整天愁眉苦臉、抱怨這抱怨那的人，還是喜歡那些整天開開心心的人？如果你在生活中是屬於抱怨、消極的人，請一定要改變性格中的這些缺陷。若不改變，將很難適應這個社會，也很難和別人相處合作。

你要知道，你怎樣對待生活，生活也會怎樣對待你；你怎樣對待別人，別人也會怎樣對待你。所以，不要消極、抱怨，應該永遠積極下去。成功者永不抱怨，抱怨者永不成功。

一個人成功與否，取決於五個因素：穩定的情緒；健康的身體；良好的人際關係；時間管理；財務管理。如果你想成功，一定要學會管理好這五個因素。為什麼要把情緒放在第一位，而把健康放在第二位呢？因為即便擁有強壯的身體，如果情緒低落，也會影響到身體。一個人想功成名就，20%靠智商，80%靠情商，所以，要控制好自己的情緒，因為它關係重大。

生活中需要養成什麼樣的心態呢？「三不」和「三多」：不批評、不抱怨、不指責；多鼓勵、多表揚、多讚美。這樣，就會成為一個受社會大眾歡迎的人。如果你想讓你的夥伴更加優秀，很簡單，永遠激勵和讚美他們。

如果他們的確有毛病，那應該怎麼辦呢？這時是不是應該給他們提出建議？但在現實中，你會發現這樣一種現象：有的人會接受建議，有的人反而會生氣。其實，提建議的方式很重要，就是三明治原則：讚美，建議，再讚美！

想一想，你一天讚美幾個人？有人可能以為讚美就是吹捧，就是拍馬屁。兩者是有區別的，讚美，是發自內心的真誠，是被大眾所接受的，是無私的。如果你帶著很強的目的性去讚美，那就是拍馬屁。當你讚美別人的時候，要大聲地說出來；當你想批評別人的時候，一定要咬住舌頭！

人和動物之間有很多相似之處，但最大的區別在於人會學習、會思考。人要不斷學習，千萬別把自己的天賦潛能給埋沒了，一定要學習，一定要有一個「空杯」的心態。

我們向誰學習呢？直接向成功人士學習！要永遠學習積極正面的東西，不看、不聽那些消極負面的東西。去看每一個人的優點，三人行，必有我師焉！

用力更要用心

時代變化日新月異，人必須與時俱進。未來，一個人想要立於不敗之地，最好的方式就是和時代一起進步。現在，每個人最應該思考的問題，是如何反覆運算自己。而反覆運算自己的本質，其實就是根據時代的變化，調整自己的能力結構。

未來最符合時代的能力結構是什麼呢？在之前的社會，我們只要埋頭做好自己應該做的事就可以了。如老師只需把學生教好，司機只需把車開好，工人只需把事做好，醫生只需把病人看好……

我們的能力結構很單一，只需努力掌握本業的技能，然後把所有的精力，都用在打磨我們的專業水準上。你的專業水準，直接決定收入和行業地位。但在網路時代，這種邏輯被打亂了，各個平台的出現，使一部分人利用外部的力量，率先實現了崛起。

我們經常會講到「跨界打劫」，為什麼會發生跨界打劫呢？就是因為別人雖然在本業內沒你厲害，但他的能力結構比你更先進。他依靠外部力量的注入，將自己的能力結構，調整到了戰鬥力最強的狀態。

提升個人影響力

未來什麼樣的能力結構，才是戰鬥力最強的呢？當下還是有很多人用傳統的方式去創業，他們總想做老闆，但是，今後老闆和員工的界限會越來越模糊。未來，人與人最大的區別不是老闆和員工，不是資源、經驗、能力等方面，而是影響力。

這是個體崛起的時代，即便你想做老闆，也應該先做出自己的業績和影響力，打造你在行業中的地位，然後以你為中心，組建團隊，這才是今後真正的創業邏輯。

那麼，如何打造自己的行業地位和影響力呢？首先，我們未來必須具備兩大核心能力：一是演說能力，二是寫作能力。「能說」和「會寫」就是影響力的兩大支撐。FB、Youtube 等平台為我們提供了寫作與演說的舞台，這兩大能力決定了我們可以連接多少人，有多少人可以跟隨我們，這就是我們的影響力。

之前沒有這些平台，所以苦無機會或很少有機會表達自己。即便你能說會寫，也沒有施展的地方。如今，這些平台誕生了，我們必須與時俱進，提升自己這兩方面的能力。不要說你不擅長寫作和演講。有時候，人的很多能力都是逼出來的，不強迫自己一次，你根本就不知道自己究竟有多少潛力。記住一句話：讓自己變強大，是解決一切問題的根本；改變自己的能力結構，就是讓自己強大的根本。

訓練表達才能傳遞訊息

無論是「能說」還是「會寫」，其本質都是為了表達自己。未來我們越善於表達自己，接納我們的人就會越多，我們被社會認可的程度就會越高，從而在各種情況下都能做到遊刃有餘。看看現在的自媒體人、網紅，哪個不是因為這兩方面的能力出眾，而率先實現了個體的崛起？

還有很多人利用這兩大能力一股作氣、彎道超車。像是有的老師開始線上授課，很快就擁有了許多聽眾，用戶和收入都呈幾何增長。他山之石，可以攻玉。很多人的崛起，並不是說一定要在本業內有多麼出類拔萃，而是他們巧妙地利用了外部的力量。

總之，「能說」和「會寫」是一個人打造影響力的兩大核心能力，無論你屬於哪個領域，或者從事什麼性質的工作，都要抽出時間來鍛鍊自己這兩大能力。

我們必須看到，人的能力結構正在發生深刻的改變。之前衡量一個人是不是人才，主要看兩方面：第一是知識，第二是技能。而現在情況也有了變化。首先看知識。過去我們總是試圖掌握更多的知識，儲存在大腦裡，供我們隨時取用。所以，掌握知識越多的人，適用的場景就越多，因此更受歡迎和推崇。

而現在，隨著時代的發展，我們可以隨時隨地從網路上汲取各種知識，且各種知識的要素也非常清晰、齊全，全都在我們眼前備好，供我們參考使用。因此，在未來，一個人能不能掌握更多的知識，已經不再重要。重要的是一個人的邏輯思維能力是否強大。

再來看技能。之前，無論是哪個領域的人，都必須具備一定的專業技能，很多管理職位也是技術人員出身，憑藉一項技能就可以走遍天下。所謂技不壓身，一個人掌握的技能越多，生存能力就越強，競爭力就越大。

而現在，很多技能都被高科技取代了，機器人取代了藍領，人工智慧取代了白領。更何況技能反覆運算的速度越來越快，無論你掌握了什麼樣的技能，總有一種變革針對你，總有一種創新能取代你。

因此，在未來一個人能掌握多少技能已不再重要，重要的是其內心是否強大。假以時日，人們將會從技能的事務中解放出來，將更多的時間和精力投入操控和管理上，管理機器、管理系統、管理資料等。

這時，一個人的心態，更容易決定他的成果。接下來，人的這四種能力很重要：從內部組成上來講，就是邏輯和心態這兩種能力；從外部表現上來講，則是能說和會寫這兩種能力。時代真的不一樣了，我們千萬不要一味地沉浸在自己的領域中不可自拔，有時抬頭看天比埋頭苦幹重要得多。

人無貴賤，品有高低

人並沒有等級之分，但有層次之分，我把人分為三個層次。

低層次的人關注八卦是非

在一個公司、單位或者其他各種群體裡，這種人的占比很高。他們不擅長解決問題，就喜歡打聽與閒聊別人的八卦和是非，並以此為樂。他們的嫉妒心很強，總是怕別人比自己活得更好，他們愛講八卦的本質，其實就是想看別人的笑話。因此，他們非常喜歡憑藉自己的臆想幫別人戴帽子。

他們不喜歡學習，也不思考如何才能解決問題和創造價值。他們就是喜歡非議別人，捕風捉影，搬弄是非。他們脆弱而敏感，越是百無一用，越容易產生補償心理，越在乎自己的自尊和面子，越需要認同感。因此，他們總是在尋找同類，周圍的同類越多，他們的膽子就越大，就會越肆無忌憚。

他們不追求真相，只想看到能滿足自己情緒化的東西，彼此之間，也永遠充滿各種人身攻擊和嫉妒、算計，甚至謾。

中層次的人專注解決問題

這個層次的人往往有自己的興趣和愛好，有自己清晰的定位，是某一個領域的資深專家、學者，或者兩耳不聞窗外事的學術派人物。他們已經具備了解決實際問題的能力，所以，在潛意識裡開始遠離各種是非八卦，把精力放在如何更好地解決問題上。

他們喜歡講理。第一層次的人其最大特點是「對人不對事」，而第二層次的人其最大特點是「對事不對人」。他們一般不會參與第一層次的人的話題，不會與之爭吵，因為他們專注問題本身。他們的一切行為，都圍繞在解決實際問題。

他們不沉溺世俗，也不擅長深邃的思考，只喜歡就事論事，埋頭做事。他們往往踏實而努力，存在的價值就是解決實際問題。他們在社會中往往屬於中產階層，有恆產者才有恆心。所以，他們有一定的責任心和操守，不會輕易被左右。

高層次的人拚格局

社會最需要的就是這群有大格局的人，也稱謀局者。所謂「世上本無事，庸人自擾之」，他們早已遠離是非對錯，也不會被具體的問題所牽絆。他們擅長跳出圈層看事情，喜歡總結歸納，總能發現事物的本質和規律，然後提綱挈領。因此，與做事相比，他們更關注布局。

他們喜歡洞察人性，懂得如何將一個人的長處充分發揮出來，同時，讓一個人的短處隱藏無蹤。因此，與是非對錯相比，他們更關注人性。人到了這個層次，拚的就是格局。一個人的格局有多大，成就就有多大。

這就是人的三個層次，三種人構成了大千世界。所謂「知人者智，自知者明」，我們不僅要看清別人，還要看懂自己，唯有提升自己的格局，才是人生逆襲最好的途徑。

The future is embedded in the present.

——約翰・奈思比（ John Naisbitt）

第 6 章

敢於改變，就能看到路徑

未來內建於當下。

做你沒做過的事情叫成長，
做你不願意做的事情叫改變，
做你不敢做的事情叫突破。

接受變化就是力量

在約六億年前，地球經歷了史上最嚴峻的冰河時期，當時整個世界都被冰層所覆蓋，一片冷清。後來，地球的氣溫逐漸升高，冰層開始慢慢融化……大約在五億三千萬年前，迎來了寒武紀生命大爆發。這是地球最神聖的一刻：在短時間內，物種呈爆炸性的增加，生物不再緩慢漸變，而是以跳躍的方式突變。

之後，開始出現了昆蟲、兩棲類動物，到了侏羅紀時代，恐龍成為統治者。大概在一萬八千年之前，地球又經歷了一次冰河時期，當時全球約有三分之一的陸地，覆蓋在二百四十公尺厚的冰層之下。然而，這次冰河時期結束之後，又誕生了新的文明——人類出現。一群原始人拿著石頭開始和自然搏鬥，萬物之靈的我們，從此成為地球的主宰。

文明的網路從未停止進化

由此可以總結出三個規律：一是，冰河期往往是下一個文明的開端；二是，萬物凋零之後，必然是重新生長；三是，能生存下來的不是最強的，而是最能適應環境變化的。以上三個規律，同樣適用於當下的個人、企業和國家。無論是個人還是企業，都是地球文明的一分子，而新文明必然會取代舊文明。

人類社會有一個基本規律：每隔一段時間，就會有一種東西出現，打破原有的平衡，形成新的平衡（物理學上稱之為熵增定律）。這也是人類不斷革新自己、走向升級的過程。一切偶然的背後都是必然！這是社會系統自我進化的機制，而每一次事件的發生，都會加速這個進程。

勞動市場和生活機會的變遷

行業盛衰周期是二十年左右。我們以房地產、網路和製造業這三大行業為例，做一個探討。

中國房地產的真正起點是一九九八年的住房改革，從此之後，房企進入快速發展的時代，模式是不斷地「拿地建房」，這是大建設的年代，等同於基礎建設起飛。二〇二〇年各方都明顯感覺到這種模式已經走到盡頭，開始進入「盤活存量」和「生活服務」的時代。房地產從一九九八年到二〇二〇年，基本經歷了一個完整的大周期。

中國網路行業也是以一九九八年為起點，當時四大入口網站成立，網際網路進入高速發展的時期，隨後又孕育了阿里巴巴、百度、京東，當時，流量主導了一切。

二〇一九年，大家也明顯感覺到流量時代已經過去，因為流量越來越貴，凡是能拉到線上的都已經被拉過來了。網際網路從一九九八年到二〇一九年，也經歷了一個完整的大周期，流量主導一切的時代已經告一段落。

中國製造業駛入快速發展的軌道，是從二〇〇一年正式加入世界貿易組織開始的，

各地的工廠加 足馬力，日夜不停地奮戰，用相對廉價的中國製造，快速搶占了世界市場。

二〇二〇年一場疫情的發生，讓全球經濟陷入停滯，市場迅速萎縮，這對中國很多的工廠，產生非常大的影響，由此意識到不能再依賴國際市場的推動，而必須升級。綜合分析來看，無論是房地產、網路還是製造業，其上半場的發展特點，可以用四個字來概括，那就是「跑馬圈地」。

跑馬圈地的市場紅利

高速發展的國家，都會經歷一個資本原始累積的過程，這個過程就像是跑馬圈地。一旦生產力得到解放，就加足馬力向前衝，誰的馬力大，誰搶的地盤就多。跑馬圈地主要有兩大紅利：第一大紅利是「人口紅利」，針對的是製造業和房地產業；第二大紅利是「流量紅利」，針對的是網路行業。

這兩大紅利讓中國完成了三大基礎建設任務，亦即資本的原始累積：一是，實體的基礎建設，主要靠房地產；二是，網路的基礎建設，主要靠網際網路；三是，產品的豐富，主要靠製造業。雖然三大任務完成了，但是無法一直停留在這種狀態，那接下來該怎麼走呢？

「人口」紅利退潮，「人心」紅利到來

企業千方百計獲取客戶的時代已經過去了，未來必須擁有一種深度服務客戶的能力。這就是我經常說的商業重心轉移的問題。之前的重心是「產品」，是「流量」，未來則是「人」。

今後最貴的其實是「人」，「人口」紅利過去了，「人心」紅利接棒來到。「以人為本」四個字我們談了那麼多年，現在才真正地實現。我們之前是不斷地吸引客戶（人），花錢買客戶（人），而今後我們必須擁有一種留住客戶（人）的能力。

未來是人跟著人走，而不是跟著產品走；誰能聚人，誰就能掌握商業主動權。大家一定要記住這兩個趨勢：一是，產品越來越便宜，人卻越來越貴；二是，資源越來越共用，人才卻越來越稀缺。今後，商業競爭會越來越充分，當競爭絕對充分的時候，一切商品的利潤都會無限趨近於零，而人的價值會越來越大，人力資本也會快速崛起！

而今社會人力資本正在超越土地資本、技術資本、設備資本等，成為第一生產力。當人才成為一家企業最關鍵的環節後，它的稀缺性將推動其身價上漲，於是一部分利潤，也將從資本方轉移到人才方。

未來商業最大的趨勢，是讓所有用戶一起來分錢的制度，大家各盡其才，按自己的貢獻得到利益，這就是用戶至上主義。用戶在平台中做的每一份貢獻，都會得到它不同程度的獎勵。這種獎勵不再局限於小恩小惠，一定會發展為長期的激勵，如期權、股權等。

今後公司的邊界都將被打開，數十、數百乃至數千名員工和上億的用戶都會參與進來，共同分享利潤、制定決策。在資本主義時代，是資本剝削用戶，把「用戶」當「人頭」（流量）看。但現在的公司必須做到用戶利益最大化，與之前的邏輯完全顛倒，這就是物極必反的道理。

資本的力量正被嚴重削弱，人的價值被進一步放大了！資本逐漸瓦解，人才開始崛起。回顧人類有史以來的幾個階段，從原始社會到奴隸社會，再到封建社會，直到今天西方的資本主義社會，沒有一個制度能永久地存在下去。每當人類文明向前邁進到一定程度，絕對會出現嶄新的制度，取代之前的舊制度，這是歷史的鐵律。

流量變營收，人人都是消費者也是生產者

每一種新制度的誕生，都是因為新工具的發明，就好比沒有鐵器，就沒有封建社會的誕生；沒有蒸汽機，就沒有資本主義的誕生。如果沒有網際網路和區塊鏈，就不會有「用戶主義」，因為每個用戶創造的價值，不能被精準記錄並且隨時變現。

社會的結構，將從「**公司＋員工**」向「**平台＋用戶**」轉變，未來每一個用戶，都可以利用平台創造自己的價值，區塊鏈建立的分散式帳本，可以把上億使用者的價值全部記下來。因此，人類正在形成一個個嶄新的命運共同體，這些命運共同體中的個體，既能保持一定的獨立性，又可以隨時快速地被聚合起來。

每一個命運共同體都是一個價值體系，每一個用戶既是消費者也是生產者，大家各盡其才，各取所需。這些命運共同體組合起來，就是一個大的人類命運共同體。這就是對人類命運共同體的深刻洞解。

為什麼說疫情之後，是普通人改變命運的絕佳機會？因為自資本主義崛起以來，人才的重要性和決定性，從沒像今天這樣突顯！

過去是資本家（股東）掌控一切生產資料，員工也好，用戶也罷，都只能是資本的附庸，毫無話語權，而現在「人」（包括用戶、消費者）成了一切的核心，一切都在圍繞「人」打轉。之前是資本決定一切，現在是人決定一切。說明這個世界不只是由錢說了算，而是由價值說了算。誰能創造價值，誰就擁有話語權。

打造自己的影響力標籤

請大家記住，與其會賺錢，不如讓自己更值錢，請圍繞以下三個方向努力：

1. 與其拿回報，不如要股權。

選擇你看好的客戶，進行深度服務，少拿點兒現金收益，多拿些長期收益，比如股權。

2. 與其依賴公司，不如依賴個人實力和影響力。

千萬不要過於依賴平台，而是要借助平台的力量，打造自己的個人品牌。

3.與其幫別人服務，不如做原創作品。

只有原創作品才能形成你的個人品牌，才能打造你的個人ＩＰ（智慧財產權）。所謂ＩＰ，就是影響力標籤。那麼如何打造自己的ＩＰ呢？這一點很重要，真正能引領大眾思潮，並被大家銘記在心的，是那些能觸及別人靈魂的人。有句話說得好，觸及靈魂比觸及利益還難，因為這需要有強大的思想武器。未來最好的投資是自我投資，是對自己認知、格局的投資，只要你能創造價值，就能立於不敗之地。

停止擔心未來

新冠肺炎疫情讓人們養成戴口罩的習慣，現在這個時代我們已經很孤獨，但是未來會更加孤獨。這次疫情之後，線上和線下的距離又被拉大了。線上越來越開放，線下卻越來越封閉，我們在這兩個極端中穿梭。人的精神需要接受各種考驗，憂鬱、焦慮、躁動等情緒，將充斥人們的生活。

駕馭快速波動下的非理性焦慮

這個世界既矛盾，也平衡：物質越豐富，人的智商就會越退化；科技越發達，人的精神就會越空虛；營養越充足，人的生理功能就會越衰弱。之後社會的節奏會越來越快，各種變化的周期會不斷縮短，不可預料的事情會越來越多，我們的精神將長期處於緊張和不安的狀態中。

人類將來最大的挑戰，不是人工智慧，也不是經濟危機，更不是癌症，而是自己的精神問題。經歷這次疫情，我們終於發現一個道理：在未來，有一顆強大的內心，遠比擁有其他技能重要得多。那些內心脆弱的人，要麼輕而易舉地被淘汰，要麼會出現精神方面的各種問題。

未來最重要的賺錢工具叫做「價值」

一個社會的經濟越發達，人的獨立性就越強，未來每個人都是一個獨立的經濟體。那些有一技之長的人，都會借助各種平台而成為獨立的經濟體。之前我們的特長只是業餘愛好，未來可能是生存的立足點！

其實，世界上最需要反覆運算的不是產品，而是人。未來是自由度越來越高的時代，當束縛我們的框架越來越少時，每個人都會越來越接近我們最想成為的樣子。你必須早日成為一個價值的主體。

人的價值就像投資品的價值一樣，是存在均值回歸（Regression to the mean）的。那個均值，就是你的衝動、你的熱愛、你的理想！

中國經濟的上一波紅利是「人口紅利」，下一波紅利是「人心紅利」，將每個人內心深處的熱愛和興趣激發出來。一個作品（產品）從0到99%那部分，可以靠錢完成。但是，從99%到99.9%，或到99.99%，只取決於一個人的熱愛和心態。決定每個人歸宿的，一定是能力和欲望綜合而成的那個自己。

在未來的社會，可靠比聰明重要，熱愛比努力重要，匠心比拚搏重要。這已經不是那個只需要死讀書，只要聽從指揮就可以過好日子的時代了。這個時代鼓勵我們自主獨立思考，鼓勵我們有自己的想法，鼓勵我們和別人不一樣。

這就是這個時代的美好之處，它鼓勵每個人找到自己的優點和長處。從現在開始，一定要傾聽內心的聲音，一定要走出平庸的輪迴。

辨認真偽、避免自欺和從眾

我們發現，變化越快的時代，一個人獨立思考的能力就越重要。不盲目從眾，不相信謠言，不隨波逐流，保持清醒，客觀理性地看待各種事情，說起來容易，能做到的人卻寥寥無幾。

如今資訊傳播高度發達，每個人都能隨時隨地獲取各種訊息。但實際上，越是在這樣一個似乎什麼都能看見的時代，我們越是什麼都看不見。在資訊的洪流中，人們看到的都是各種假象和妄想，不是真相。

在無用雜訊中做出理性判斷

正是因為越來越多的人，喪失了獨立思考的能力，所以認知資本才是未來社會最大的資本。未來一切的競爭，其實都是搶占「認知高地」的競爭，唯有在社會的大變革中抓住機遇，才能實現階層躍遷，改變自己的人生。

除了盡力，還要借力

世界上有這樣一種人，無論身在何時何地，都可以取得成就。因為他們掌握了成功的「道」。所謂「一陰一陽之謂道」，凡事只要抓住這兩大核心矛盾，使其既對立又統一，就可以掌控全局。

成功，就是由「一快」加「一慢」兩大要點組成的「道」：一快，指的是槓桿效應；一慢，指的是飛輪效應。世界上成功的人生，大都是這兩大效應的疊加！有的人，只學會了槓桿效應，成了人生賭徒；有的人，只學會了飛輪效應，就像蝸牛爬行；只有極少數人能將這兩種效應完美地組合起來。今天我就來系統說明，如何巧妙地利用這兩大效應。

槓桿效應：借力撬動財富

隨著大數據、人工智慧時代的到來，個體將越來越被動，越來越渺小。因此，我們無論做什麼，都必須借助這股勢能，即是學會借力。阿基米德說：「給我一個支點，我就能撬動地球。」這就是槓桿效應。

槓桿效應就是借力。大家切記，在這個高速發展的時代裡，一個人要想成功，「借力」比「努力」要重要得多！為什麼有些人很勤奮卻依然是窮人？因為他只靠賣力去賺錢。那富人是靠什麼富起來的？又為什麼越來越富？當然是靠槓桿效應。在他們的世界裡，世上沒什麼東西是不能「借」的。

綜觀商業發展史，許多商賈巨富都是白手起家。這些身無分文的人，到底是怎樣發展起來的？你只要去看看他們的傳記就知道，他們大部分是靠玩「空手道」起家的。

「空手道」是商業的最高境界，它屬於社會科學類，包括零資本創業、白手打天下、以小博大、四兩撥千斤等。他們善於透過獨特的創意、精心的策劃、完美的實行，巧借時代、趨勢及外在的人力、物力、財力，去完成自己的原始累積。

能不能順應時代、擅長借力，是一個人可否實現躍進式崛起的關鍵。要知道，任何一個行業，都值得你花五年時間入門、十年時間摸索。而最聰明的辦法，就是站在巨人的肩膀上登高望遠，踏著成功者的腳步走，用最短的時間學習頂尖高手的成功經驗。

舉個例子。我們經常會看到這樣的徵人啟事：百萬年薪聘老總。有些企業是真聘，因為他們真的需要；有的企業是假聘，他們想透過這樣的方式來造勢、來擴大影響，更重要的是，想吸納社會上一些人才的智慧。

然而，來應徵的卻有上百人。這些人為了得到一個高薪職位，他們會怎麼做？他們都會盡自己最大的努力，來回答企業給出的考題：如果你是老總，你將怎麼做；請你寫出關於某問題的方案、請你談談關於某方面的設想等。這樣一來，毫無疑問，企業就能夠從中得到很多有用的、有價值的東西，就能夠獲得社會上很多高智商人才的經驗結晶。

當你啟動一項事業的時候，如果對此領域不熟悉、不專業、不在行，也沒有技術方面的能力，請千萬不要自己去鑽研、去摸索、去犯傻，一定要借用別人的力量，這是最聰明、也是最省時省力的辦法。

借力就是要大膽使用別人已經取得的成果。牛頓說過一句話：「我之所以能成功，是因為站在巨人的肩上！」像牛頓這麼偉大的人物，都善於利用前人的成果，更何況我們這些普通人。你擁有多少資源並不重要，重要的是你能借助多少資源。

借力的最高境界，是「一切皆不為我所有，一切皆為我所用」。亦即有什麼事你不懂，你就去找這個領域最強的人聊天。因為向人學習的速度，遠超過向書本學習的速度。

再如，你可以把記憶能力外包給搜尋引擎，把協作外包給網路，把體力外包給機器。如果有一天，機器人比人還好用，你可以借助機器人來做大量的工作。你會有一些技能減弱，另一些技能需增強百倍。大腦不該只用來記憶，而是要用來觀察、思考、創造和影響他人。

猶太人的思維習慣就是找準施力點，使用微小的力量，撬動比自己大幾倍甚至幾十倍的東西，所以他們能不斷地在金融界創造輝煌。

隨著科技的進步，未來所有的資訊（包括知識）都會擺在我們面前，因此，一個人能不能記住很多知識，已經不再重要，重要的是能不能把這些現成的知識整合起來，找出其中的邏輯或者組建新的系統。

今後最關鍵的能力，是從大量資訊裡抓取趨勢的洞察能力，是發現趨勢後快速跟進的借勢能力。你聰明，我會用你的聰明，那我就比你更聰明。聰明的人善於將別人的力量凝聚起來，變為己用。

人性是趨利的，但網際網路思維告訴我們，在當下這個時代創業做生意、賺大錢的本質，就是分享和借力。與其待時，不如乘勢。透過借力分享才能達到多贏的局面，而且是倍增的多贏，這就是網際網路思維的精髓。

飛輪效應：找到人生的錨

與槓桿效應對應的是飛輪效應。什麼是飛輪效應？騎過自行車的人都知道，啟動時的那幾圈是最費勁的，順暢起來之後，只需要很小的動力，自行車就可以一直往前走。為了讓靜止的輪子轉起來，剛開始需要付出很大的努力，當飛輪轉動達到臨界點之後，就會越轉越快，踩起來會越來越省力。

這看起來像是和槓桿效應對立的思維，因為它要求越聰明的人越需要下笨功夫。沒錯，飛輪效應就是要求我們腳踏實地積小功成大功，不投機取巧，不求一戰定乾坤，但求打一仗就勝一仗，走一步就對一步。

有句話叫「善弈者通盤無妙手」，就是說，那些真正會下棋的人，往往一盤棋下來，並沒有什麼神奇的一招制勝之處，反而是招招穩紮穩打，步步為贏，這樣的人才會是最後的贏家。

因此，真正的高手往往會堅持做那些看似很笨卻又很穩的事，抓住細小的優勢，積小勝為大勝，讓每一個小勝都成為通向大勝的敲門磚。

在上述的槓桿效應中，其實「時間」才是最大的槓桿，只要選對了方向，就用時間去做槓桿；只要找到微弱的優勢，就不斷地循環和疊加。如果說成功有規律可遵循，那麼這就是那個規律。

因此，飛輪效應和槓桿效應既對立又統一，非常符合辯證唯物主義哲學。我們在生活中，經常會遇到一些「聰明人」，他們總能發現一些小竅門，巧妙繞過各種規則，輕而易舉地獲得一些小成就，也因此往往更善於算計，這其實就是我們常說的小聰明，喜歡耍小聰明的人往往很難有大成就。

曾經有個很熱門的發文：「有哪些微不足道的小事堅持三年以上，能夠帶來巨大改變？」有人說：「跑步七年，身體由內而外輕盈，皮膚狀態極佳，整個人精神狀態很好，每天還比別人多一段時間思考人生。」

有人說：「入職四年，堅持每天下班前寫工作日記做反思，已從月薪兩萬漲到年薪八十萬。」《基度山恩仇記》裡有一句話：「對付一切罪惡，只有兩帖藥：時間和沉默。」這兩樣加上持續的努力，也許成功就不再遙遠。

對應管理法則，循序漸進，成功必會來臨，這也是飛輪效應傳遞出的普世價值。這個世界上最可怕的事，並不是比你聰明的人更努力，而是比你聰明的人竟然都在偷偷地下「笨功夫」。道理看似簡單，但是在現實應用中，通常會有幾類情況，導致輪子轉不起來：

一是迷失。條條大路通羅馬，在一個滿街都是機會的時代，大多數人根本沒有耐心找到適合自己的輪子，於是這個推兩下，那個也推兩下，最終迷失於選擇困境，在選擇與嘗試中浪費了過多的精力和時間。究其本質，是他們不能深刻地認識自己，因此不知道要推哪個輪子。

二是放棄。在剛剛起步的時候，努力和收益之間，會出現一個嚴重到讓人絕望的不對稱。雖然很努力，但收益卻微乎其微，還持續了很長一段時間，這個時候，你會如何抉擇？開始轉動輪子的過程是非常孤獨的，這時身邊人往往覺得你在浪費生命，你只能耐得住寂寞繼續推它……

某天，終於感覺這個輪子有了一點點慣性和動能了，你得繼續加油，一百圈，兩百圈，突然在某個時候，越過了那個臨界點，輪子輕快地旋轉起來。

真正的強者都有自己的飛輪。例如在資本市場中，很多人都期待能一下就猛撈一筆，但巴菲特的投資原則卻顯得平平無奇：每年領先道指10%，集小勝為大勝。他從未在某一年取得驚人的收益，但幾乎少有虧損，穩健的投資使他的年化收益率能夠達到20%以上，而且保持了五十多年。

在資本市場，能短期跑贏巴菲特的投資者大有人在，但能夠像他那樣，連續五十多年保持複利增長的寥寥無幾，這才是巴菲特成功的祕訣所在。「永遠都不要忽視你的飛輪。每一圈都需要創新和固守，就像第一次推動時那樣充滿熱情，永不停歇，永保動力。」還是那句話：選對方向，找到優勢之後，就用「時間」做槓桿，唯有時間可以創造奇蹟。

成功不是靠運氣，而是複利效應產生的結果

成功不是靠運氣，它其實是一門科學；每個人的情況固然不同，但其法則適用於所有人。人生的本質就是一種平衡，一邊是槓桿，另一邊是飛輪，缺一不可。如果你想要好好利用這兩個效應達到複利，需要明白以下三點：

(1)找到不同的槓桿（槓桿不是唯一的，隨時隨地會變）；
(2)確定自己的人生飛輪（飛輪往往是唯一的、固定的）；
(3)發力準確（偶爾使用巧力，大部分時間下笨功夫）。

這其實是一個有效的努力模型，「原因」增強「結果」，反過來「結果」也能增強「原因」，從而形成循環，環環相扣，逐漸增強。普通的人改變結果，優秀的人改變原因，卓越的人改變模型。弄懂這個模型之後，你會發現世界上根本沒有什麼好運，成功都是有「道」可循的。

We always overestimate the change that will occur in the next two years and underestimate the change that will occur in the next ten.

——比爾・蓋茲（Bill Gates）

第 7 章

流量主宰的營銷未來

我們總是高估未來二年會發生的改變，
低估了未來十年將發生的改變。

你對世界和自己的理解，決定了你的選擇，
道理都懂，就像魚活在水裡，也死在水裡。

資訊占據了生活

近年最熱門的平台當屬 Facebook 和 Youtube 了，它們的核心優勢是什麼呢？答案是三個字：演算法。這兩個平台都有一套非常高明的演算法推薦機制，它們能根據你的習慣識別你的標籤，算出你內心深處的癖好，你越喜歡什麼，就瘋狂推送給你什麼，這也叫 AI 推送（人工智慧推送），顯然，這套推薦機制更符合人性，無限順應了人性，所以越來越紅。

精神更需要餵養

按照在5.0時代的分析，人們的需求已經不再是物質產品，而是精神產品。我們周圍的物質產品越來越多，免費送上門的東西也越來越多，這個時候大家更需要的是精神寄託，是靈魂的安放，顯然，社交與影音平台的內容屬性，將占據我們更多的時間。

因此，未來所有的商品都將淪為「資訊」的附庸，都將隱藏在各種資訊流裡。更重要的是，傳統網路其實大大加劇了貧富的差距，比如微博和微信的時代，你創作的內容受歡迎，就會吸引粉絲，吸引的粉絲越多，內容傳播就會越廣，從而又幫你帶來更多的粉絲，然後可以收廣告費，這就是疊加效應，也是資本的原始累積過程。

當你有一定資本的時候，便可以撬動更多資本，而最後所有好的資源，都會往你身上靠攏。但是演算法推薦的時代，這個邏輯就不存在了，演算法機制使你的內容傳播量和粉絲量，沒有必然的關係，譬如你的內容發布之後，先推薦給兩百個標籤相符的人，如果按讚率、閱讀完成率都不錯，就繼續推薦給兩千個人，如果還能有所進展，就再推薦給兩萬個人……

也就是說，演算法可以將一個之前的原始累積不斷歸零，這對於新人來說是公平的，同時又鼓勵那些「舊人」不斷努力，不要停留在過去的輝煌裡，過去的成就也無法成為跳板，每個人的價值只取決於當下創造的價值，我們永遠只能用當下的內容來說話。

演算法推薦的精髓，就在於讓每個人都有機會各盡其才，各歸其位。它會在無形中平衡每個人的閱讀量，使每個人都看到自己感興趣的東西，不會把資源都集中到某幾個大咖身上，演算法就是那個無形中的「道」。

《道德經》第七十七章裡說：「高者抑之，下者舉之。有餘者損之，不足者補之。天之道，損有餘而補不足。人之道則不然，損不足以奉有餘。孰能有餘以奉天下？唯有道者。」老子應該想不到，他幾千年前描繪的大道，被我們後人用這種形式表現了出來。

利用演算法，人與人之間的貧富差距會越來越小，因為它會自動平衡資源的分布，未來一定是一個扁平化和去中心化的時代。大家思考一下，如果社會上人與人之間的貧富差距沒那麼大了，將會發生什麼事？

在之前，我們每遇到一個人，首先思考的問題是什麼？往往是這個人的身價，因為人和人最大的區別就是財富。所以，我們一定會不由自主地思考這個問題。而一旦社會的貧富差距縮小了，我們思考的問題會變成這個人有什麼特徵，是什麼標籤。和錢再也沒有任何關係了。

人和人之間財富差距越來越小的同時，彼此的特徵差異卻會越來越大，因為未來每個人身上的標籤將更加清晰。比如，唱歌、跳舞、寫作、表演、科研、律師、醫生等。

按照這個趨勢發展下去，未來的社會一定會變得越來越平等，越來越細分，每個人都沉醉在自己的世界裡，不用再互相干涉和強迫。《道德經》第八十章裡說：「鄰國相望，雞犬之聲相聞，民至老死，不相往來。」它描述的其實就是人類文明的最高境界，雖然兩個人近在咫尺，毫無共同語言，但是能做到尊重彼此的不同，和而不同，方為大同。

商業越繁榮，利潤越少

先來看看網路究竟是如何改變傳統商業的。淘寶的出現讓開店不再需要實體門面，降低了開店的門檻，這樣人人都可以為之。剛開始的時候大家會狂歡，網路商店遍地開花，但是到了一定階段，就會發現在淘寶上開店，已經很難再賺到錢了，因為，當人人都有生意做的時候，也就意味著人人都沒有生意做。

那麼，抖音的出現又將產生什麼樣的影響呢？它讓表演門檻越來越低，人人都擁有自己的舞台，人人都可以製作自己的節目。抖音讓文藝變得平民化，這必定給傳統影視業的發展帶來一定的衝擊。

抖音和淘寶剛出現時的情形是一樣的，剛開始大家一定會樂此不疲，熱鬧非凡，進入全民參與的娛樂氛圍裡，一起拿著手機嗨。但是過不了多久，眾人也會發現一個事實：人人都可以出作品的時代，也就意味著創作將越來越廉價，各種模仿橫行，為了博眼球而超出本分，創作本身的價值大打折扣。

這個世界之所以有觀眾，就是因為創作有門檻，表演有專業度。而當創作無門檻的時候，世界上可能再也沒有認真的觀眾，人人都是主角，人人都在走馬看花，人人都在逢場作戲。

因此，不要看那些內容每天都有不少的曝光量，實際上也就是看起來熱鬧而已，最後的結果就是創作者只能賺到辛苦錢罷了。抖音對文藝行業帶來的衝擊，和淘寶對商業帶來的衝擊，在邏輯上是一樣的。太陽底下沒有新鮮事，歷史永遠在不斷地重複和輪迴。

趨向平均利潤率

我們再來看看外賣、Uber 等這些平台上，正在發生什麼事。之前開一家餐飲店，主要靠自然人流，每家店所處的位置不同，顧客也不一樣，大家各安其位，井水不犯河水。而一些外賣平台誕生後，雖然每家店的訂單都變多了，但是最後一算帳，利潤越來越薄，也只能辛苦賺錢。

平台透過後台資料，牢牢控制住各大商家的利潤空間，讓商家們都成了平台的打工者，時間長了商家們有口難開，欲哭無淚。

之前開計程車是需要門檻的，而叫車平台誕生之後，讓開計程車的限制大大降低。叫車平台運作了幾年之後，如今越來越多的人無事可做，都去叫車平台接單去了，叫車越來越容易，補貼卻越來越少，平台的抽成也越來越多。於是，在叫車平台上開車的司機，也只能賺到辛苦錢。

再以當下最流行的直播購物為例，我一個朋友開了一家直播的公司，和很多網紅、主播合作賣衣服，雖然這讓大家買東西更加便利，但是出現大量的退貨和庫存，結果年底一算帳，還是虧錢。

這就是網路對商業的影響。雖然網路讓人人都有生意可做，但造成的結果就是錢越賺越少。從商業規律上來講，每個行業都會有一個紅利期。這往往發生在行業處於爆發式發展的初期，此時從業人員較少，社會需求較大，這個階段的利潤率相對比較高。

由於錢好賺，就會有很多人加入，隨著從業人員的增多，市場開始趨向飽和，競爭越來越激烈，於是利潤率就會大幅下降。降到什麼時候為止呢？降到接近整個社會的平均利潤率為止。社會的平均利潤率，是指這個社會上一個人能夠維持基本生活所需的收入。

每個行業都會有一種自動調節機制，讓該行業的利潤水準回歸到社會的平均利潤。像之前做培訓很賺錢，當時透過各地招商、電話銷售、搜尋引擎等形式可以獲取大量客戶，然現在電話銷售效果越來越差，招商越來越難，搜尋引擎越來越貴，因此獲取客戶的成本大大提高了，於是利潤率大幅下滑，直到回歸到社會的平均利潤率為止。這不是偶然，而是必然。

當然，當一個行業的利潤率，回歸到社會的平均利潤率時，就不會再降低了，因為他們會給你留一個可以喘息的空間，讓你疲於奔命，卻又只能賺到基本的利潤率，維持生存。

未來人人可以有產品，人人可以有作品

《國富論》裡說，利潤降低不是商業衰退的結果，恰恰相反，這是商業繁榮的必然結果。商業繁榮的基本表現，就是未來無論做什麼，門檻都會越來越低，未來是人人都可以有產品，人人都可以有作品的時代，這也是社會越來越公平的表現。

網路的根本價值就是讓人人皆可參與，也就意味著未來的競爭會越來越激烈，利潤也會越低。同樣的商品、服務、作品，只要還有利潤存在，一定會有商家賣得更便宜，或者更優惠！

無論你做什麼，都不要再指望有暴利空間，每個人最後只能賺到辛苦錢，這是社會

發展的必然趨勢。此處還有一個很有意思的現象，那就是未來老闆和員工的收入也會不斷靠近，一起接近一個社會的平均勞動收入。

做老闆很風光的時代已經過去了，其實這兩年日子最難過的就是各種老闆，大到上市公司，小到私營企業皆是如此，為什麼呢？因為企業的管理成本和人力成本不斷提高，但商品的利潤率卻越來越低，即商品越來越便宜，而用人成本卻越來越貴。企業遭遇兩頭難，兩頭都在擠壓。

現在很多老闆整天忙得團團轉，為了找出路急得滿頭大汗，而大部分員工依然過著正常上下班的日子。究其本質，是絕大部分企業的體制，無法充分調動員工的積極性。那麼，未來我們該怎麼辦呢？

創造價值才有未來

所有的生意終將死亡，唯有文化生生不息！這句話可謂一語道破玄機，發人深省！

我們必須要明白一點，商業的經營形態正在升級。以前，做生意主要是人和人的關係，而在未來，人都是依附各種平台生存的，生意不再是人和人的關係，反倒是人和平台之間的關係。

未來每個人都是生產者，也是需求者，可以在平台上自由對接，最後也必須和平台進行結算。因此，未來社會上大量游離的不再是生意人，不再是商人，而是各種價值的創造者，也是一個個獨立的經濟主體。

自古以來，從來沒有像今天這樣幾乎全民皆商，當然這是特定階段的產物。這個階段很快就會過去，未來是個體崛起的時代，個體模式將取代傳統的公司化模式。當生意人大量消失的時候，各種新個體將取而代之，他們包括有文化的農民、有匠心的工人、知識分子、設計師、醫生、律師和作家等。

之前這些個體都是為公司打工，因為他們找不到自己服務的客戶，只好受雇於他人，但是在網路時代，他們都能精準地找到自己的客戶，尤其是隨著區塊鏈的發展，他們創造的價值可以被精準記錄並且變現。其次，過去的商業價值靠有形的產品來承載，未來的商業價值則需靠無形的產品承載。

再好的商品，說不出價值就形同不存在

未來我們缺少的是什麼？是精神指導，是學習，是陪伴，是寬慰，是幫助選擇，是放鬆娛樂，是身分屬性等這些無形的東西。人類的物質越發達，精神就會越迷茫，也就越容易對無形的東西如饑似渴，例如精神的認同、情緒的安慰，等等。

不久的將來，很多有形的產品會是不賺錢的，甚至虧本的。但是它們承載的無形的文化屬性卻越來越值錢。如美容產品的利潤越來越小，但是美容過程的利潤越來越高；汽車的利潤越來越小，但汽車的售後服務利潤越來越高；書本的利潤越來越小，可是開讀書會越來越賺錢；等等。

我們的社會結構，將從「物質架構」向「知識架構」轉變，未來人們缺的是精神食

糧，是知識型產品。未來社會的商業關係，不再靠有形的產品去連結，而是靠無形的文化。

對於公司來說，文化才是它未來的真正核心競爭力；對於個人來說，未來人與人最大的區別就是文化屬性的差別。文化水準的高低直接影響了認知水準的高低，因此有朝一日，服務業和教育業會迎來大發展。

當你不夠強大的時候，你要服務別人，這就是服務業。

當你足夠強大的時候，你要教育別人，這就是教育業。

產品只是一個工具，而不是價值本身。透過文化提升自己的認知，再進一步提升自己的價值，才是一個人未來的立足之本。隨著人們認知水準的普遍提升，最終的結果就是人們的收入差距會越來越小，這個社會也將會越來越公平，每個人出頭的機會也越來越多。

規模大小沒這麼重要了

請思考一個問題：為什麼恐龍會滅絕，而螞蟻和蜜蜂卻生存下來？因為恐龍體積龐大，對環境變化適應能力差。這次新冠肺炎疫情之後，很多大型企業也將從此消失。因為它們無法快速適應外界環境的變化，只能硬生生地站在原地挨打，被螞蟻雄兵蠶食，正所謂船大掉頭難，說的就是這個道理。

商業的發展先後經歷了四個階段。第一階段：快魚吃慢魚；第二階段：大魚吃小魚；第三階段：大魚變慢魚；第四階段：小魚吃大魚。

快魚吃慢魚，是指抓住先機的人會淘汰後知後覺的人。大魚吃小魚，是指這些先行者成功後，開始壟斷行業資源，讓後來者越來越難發展。大魚變慢魚，是指這些公司走向穩定之後，創新速度越來越慢，無法真正應用網路這個工具。小魚吃大魚，是指網路成熟之後，那些游離的小企業或個體，能夠找到自己的精準目標，分頭行動，就如同螞蟻雄兵，蠶食本該屬於大魚的市場。

現在就是小魚吃大魚的時代！未來的企業將越來越靈活：一個傳統企業，一年要衝到十億元銷售額，至少需要一千名員工；一個網路企業，一年要衝到十億元銷售額，至少需要一百名員工；而一個網紅，一年要衝到十億元銷售額，卻只需要十名員工！

巨獸的誕生

受疫情影響，很多企業開始跨界。如實體餐廳發展網購，超商開始外送……這充分說明了一個問題：企業想要永續經營，需有連結消費者的能力，和快速回應客戶需求的能力。

將來是以消費者的需求為出發點的時代，按需生產、以需定產才是主流，這也是一種柔性化生產和定制化生產的能力。未來的企業是一個無界的企業，手握使用者和數據資源，打破不同領域之間的藩籬，建立融會貫通的創新型組織。

同樣的邏輯，未來的強者往往是一個跨界的人，能夠在不同思維路徑上找到交會點，並且建立全新的認知座標，成為一個游離於各種狀態之上的人。人與人之間的限制也將被徹底打開，不再被限制在某種特定位置上，而是開始互相越位和融合。

接下來，必將誕生很多難以用傳統詞彙去形容的個人或企業，他們看起來似乎不倫不類，但卻表現出極強的適應性，發展迅速，顛覆了很多傳統的理論經驗，這就是商業新物種，我們應該大膽地接受他們，因為這將是今後世界的常態。

經濟正在發生一場核融合

新冠肺炎疫情初期，餐飲業開始嘗試「共用員工」，盒馬鮮生與雲海餚共同宣布達成人員用工合作，超過五百位雲海餚員工陸續到盒馬上班，並由盒馬支付相應的勞務報酬。這說明公司的結構變了，未來的公司能夠讓大量個體保持獨立又可以隨時協同，再加上區塊鏈技術的應用，這種組織看似鬆散，實則協同性更強，隨時在發生分裂和融合效應。

說得通俗一點，未來公司的出路之一就是把自己打散，形散而神不散，在客觀需求下能夠隨時聚合、隨時解散。今後企業所有的部門均需各自為戰、化整為零，要求大家既要有單兵作戰的能力，又要有協同作戰的本事。

人類有史以來發明過兩種超級武器：原子彈和氫彈，之所以威力強大，就是因為可以發生核分裂和核融合反應，這說明一個道理：創造巨大能量的最好方式，就是「分裂」和「再組合」。

如今商業層面也發生了類似的反應，分裂的本質是將公司拆成個體，融合的本質是讓個體再聚合成公司。有這種神奇的反應，這個世界必定會因此發生重大變化！

未來每個人都是一個獨立的ＩＰ、獨立的經濟體，再也不需要KPI（績效考核指標）和銷售佣金，我們只需要向消費者提供，他們所需要的產品和服務即可，這將成為日後商業發展的趨勢。

要想做到這一點，首先需要一種平等的、公開的、自助式運作的系統，這是一種生態化、多方協同的治理。未來的企業必須擁有以下能力：⑴線上的獲客能力（內容獲客）；⑵分工與協作的能力（蜂群蟻群的分工協作方式）；⑶ＩＰ和品牌的影響力（精神引領取代低價促銷）；⑷打開邊界的能力（全員或用戶共同參與）。

用戶主義的時代來了

如今，商業正發生變化：流量越來越貴，傳統的推廣和行銷越來越失效，獲客成本越來越高。

對現在的企業來說，最關鍵的問題已經不是留住人才，而是留住用戶了。留住人才要用股權，留住用戶也必須靠股權。因此，很多公司把原本應該獎勵員工的股權，拿出來獎勵用戶了。

如看新聞、寫評語、轉分享、上傳內容都會給予獎勵。當然，現在的獎勵很多還是現金、優惠券等，但以後這些獎勵終會變成一種「期權」。因此，未來商業最大的趨勢，是讓所有用戶一起來分錢，大家各盡其才，按自己的貢獻分享利潤，這就是用戶至上主義。

簡而言之，我們正在進入一個「用戶決定一切」的時代！每一個用戶都可以利用平台創造自己的價值。我們可以稱這種變化為商業的用戶主義，權力正從「資本方」向「消費方」轉移，消費者開始逐漸掌握商業的主動權。

公司的邊界正在消失

商家（平台）和用戶的關係，經歷了三個階段：第一個階段是交易關係，使用者到平台是為了買東西；第二個階段是服務關係，使用者到平台是為了尋找各種服務；第三個階段是股東關係，用戶以平台為依託，創造各種價值。

公司的結構也經歷了三個階段的變化。第一個階段：股東與股東之間的關係（單邊關係）；第二個階段：股東和員工之間的關係（雙邊關係）；第三個階段：股東、員工和用戶之間的關係（多邊關係）。

未來的公司，資本力量會被嚴重削弱，人的價值會進一步被放大。企業自身的邊界將被徹底打開，不再是封閉的組織，而是成為包容性和擴展性很強的平台。所謂大象無形，一個企業能不能徹底打開邊界，把用戶變成代言人，將決定這個企業能不能做大。當你看懂上述邏輯後就會發現，現在的公司都正面臨巨大的機遇和嚴峻的挑戰。

越是蕭條期，越有大機會

最近兩年經濟形勢危機重重，很多人茫然四顧，完全不知道該怎麼辦。回顧歷史，可以發現一個特別有趣的現象：很多偉大的公司，都誕生於經濟危機時期。通用汽車成立於一九〇七年的經濟大蕭條時期，IBM 創於一九一一年的一戰前夕，聯邦快遞誕生在一九七三年的石油危機時期。

還有很多企業都善於在逆勢中布局。一九九四年墨西哥遭遇經濟危機，當時幾乎所有的企業，都縮減在墨西哥的投資，但是可口可樂卻乘機加大力度，結果贏得前所未有的業績增長。

一九八八年亞洲金融危機，很多企業都立即收手、暫時觀望，但是三星卻在中國加碼投資，結果一舉成為手機業的龍頭老大。二〇〇八年全球金融危機，很多大公司的境況都十分艱難，美國汽車業三大巨頭——通用、福特和克萊斯勒的銷量都在大幅下滑。

還有不少頂尖企業破產，最著名的就是美國第四大投行雷曼兄弟，這家成立了一百多年的華爾街金融大鱷轟然倒塌。但與此同時，法國歐萊雅公司二〇〇八年上半年的銷售額逆勢成長5.3％；日本資生堂公司也是起漲翻紅。

中國也被全球金融危機波及，但肯德基卻看好中國市場，大舉投資，結果鞏固了自己速食老大的地位。這說明危險和機會永遠都是並存的，每一次動盪都會有人倒下，也一定會有人站起來，這是歷史的鐵律。

商業出路究竟在哪裡？

首先，我們要記住一句話：答案永遠都比問題高一個層次。當我們提出一個問題的時候，必須將自己的立場升高一個層次，才能找到這個問題的答案。

前面已經講過「產品——品牌——文化——文明」之間的層次關係，我們知道無論做什麼，最終都會走向文化，文明是更大層面的東西，乃由不同歷史時期的價值趨向演變而成的。個人和商家可以提升到文化層面做產品。

人也好，產品也好，ＩＰ也罷，都是文化的產物。我們現在要做社群、要做品牌、要打造ＩＰ，這些東西的背後是文化。未來如果不做文化，基本上就是無路可走。

為什麼現在全球的知名品牌（奢侈品）大多發源於歐洲呢？因為這些品牌興起的時候，資本主義剛剛統領全球，歐洲是全球文化的引領者，也是先進生產力的代表，強勢文化造就了強勢的品牌，因此居於領先地位。

現在是世界經濟發展史上的一個轉捩點。商業的暴利時代雖然已經結束，但是厚利時代緊跟著到來，這個厚利的載體就是品牌，就是文化，甚至是文明。然而，文明只是一個抽象的概念，如果非要把這個概念具象化，即是價值觀，世間萬物一定會朝著價值最優的序列去排列組合，誰能代表最高階的文明，誰就能彙聚天下的消費者。

現在做品牌的邏輯和之前不一樣了，過去只需要高大上，足夠優雅、時尚就可以了；如今卻需要有鮮明的價值觀，像是對於公共事件所採取的措施，對公共話題所持有的觀點，對於熱門問題所抱持的態度等等，未來的品牌必須有自己的三觀。

匠心精神的崛起

我經常說，企業的發展有一個規律，短期拚行銷，中期拚模式，長期拚產品。企業的成功剛開始往往需要借勢，要站在風口上。但是，到了一定階段就得靠模式，模式必須是最先進、最符合時代潮流的。然而，要想長遠發展，必須得能提供過硬的產品或服務，否則無法如願。

我們身邊已經發生過很多這樣的案例，不少企業都曾風光無限，它們要麼靠風口，要麼靠行銷，但是時間一長，就倒下了。因此，未來的時代一定屬於有「匠心」精神的企業。所謂匠心，就是百般打造產品的那種耐心和細緻。

一個產品（作品）從0到99％那部分，能靠時間和精力來完成，也都是金錢可以買到的。但是，從99％到99.9％乃至99.99％，卻取決於一個人的熱愛和心態，這就是匠心。

談到匠心就要提及做人的層面，這和企業發展的規律很相似，人的發展也離不開一個規律，那就是：短期拚機遇，中期拚能力，長期拚人品。而且我堅信，一個擁有優良人品的人，做出來的東西一定不會太差。

來總結兩個社會規律：人類的競爭，歸根究柢還是人品和產品的競爭；人類的勝利，往往是價值觀的勝利。未來必然會崛起一批有匠心的企業，以及一群善於創造、踏踏實實做事的人。它們不僅會引領社會新風尚，還會推動積極正向的價值觀。以上是產品層面，下面我們再來看經營層面的問題。

從經營產品到經營客戶

商業的重心發生變化了，之前的重心是產品，未來則是人群。經營的對象不再是產品，而是消費者。那麼，經營產品和經營消費者的區別是什麼呢？

第一大區別：如果你想方設法地把產品賣給一萬個消費者，這就是經營產品的邏輯。如果你先把產品賣給一百個消費者，然後讓他們再消費十次，同時每個人還能再幫你找到十個消費者，這就是經營消費者的邏輯。

這兩種辦法的結果看起來是一樣的，但是第一種需要投放大量的廣告和行銷費用。而第二種卻只需要提高服務品質，最重要的是，第二種是沒有邊界的，消費次數在無限擴張。

第二大區別：經營產品是向所有人提供所有的商品；經營消費者是向不同人群提供最合適的產品。未來社會「人以群分」的特徵將會越來越明顯，如果去滿足所有人的要求，成本必定會居高不下。只有去滿足一些特定人群的需求，才是最符合時代潮流的生意。

這就是 Costco 和傳統大型超市的區別。為什麼 Costco 越來越受到歡迎，但其他超市一直萎縮？因為它們就是在試圖向所有人提供所有的商品，而 Costco 就是在努力為中產階層提供他們最合適的產品。

傳統大型超市的產品總是琳琅滿目，讓你一下子不知道該如何選擇，但 Costco 基本上不用花費多少時間挑選產品，每一種品項都很少，但是往往就是最適合你的，所以大家直接拿了就走。

消費者主義

現代管理學之父彼得·杜拉克有一句經典名言：「企業的唯一目的就是創造顧客。」這句話放在今天尤其貼切。很多人埋怨現在生意不好做，然而，我卻發現，仍然有很多人生意做得很順利，這些人有一個共同的特點，就是放棄「傳統獲客」，全部依靠「線上獲客」。

所謂傳統獲客，就是透過打電話、投廣告、線下社交、經銷等方式去開拓客戶，但會導致成本越來越高，效果越來越差。所謂線上獲客，就是利用短片、自媒體等各種平台，去生產相關的內容，包括以下兩個方面：一是，免費的內容分發，像是在一些平台廣泛地傳播文章、短片；二是，結合自己的專業知識，製作成短小精悍的爆款課程，可以免費，也可以賣得很便宜。

這樣就能吸引別人成為你的粉絲，再成為你的客戶。線上獲客的本質是生產內容，再進一步來講就是價值獲客，這也是品牌的一部分，能提升其知名度和影響力，亦即我在前文提到的，未來做品牌必須時刻傳遞自己的觀點、價值主張以及價值觀。

這才是未來獲客的主流方式，尤其是這次疫情之後，更讓我們看到線上獲客能力的重要性。傳統的廣告、電話、經銷，以及那種靠補貼和燒錢搶人的方式都在慢慢失效。別人因為貪圖小便宜而來，一旦小便宜沒有了，大家也就離開了。

以利相交，利盡則散；以勢相交，勢敗則傾；以權相交，權失則棄；以情相交，情斷則傷。人與人之間唯一長久的關係，不是「依靠」和「被依靠」，不是「饋贈」和「被饋贈」，而是「成全」與「被成全」，留住一個消費者的最好辦法就是成全他。

未來最重要的不是你能圈住多少消費者，而是你能找到多少人願意幫你去圈消費者，能不能廣泛地尋找自己的代理人，這是小生意和大事業的關鍵區別。怎麼做呢？可以把線上導來的流量，直接導入到線下，採取見面會、培訓、招商會等形式，從中選擇部分比較合適的人，發展成為代理，甚至合夥人、股東。

我們一定要去激勵那些忠誠又有貢獻的消費者，這種獎勵不再局限於小恩小惠，一定要變成長期，如期權、股權等。未來最值錢的不是產品，不是資源，而是消費資料。什麼是消費資料？就是使用者資訊、會員、粉絲等。誰掌握了大量的消費資料，誰就握有主動權。

商業未來的重心就是討好這些消費者，我們可以稱這種變化為「消費者主義」。究其本質，乃商業的權力從「生產方」轉移到「消費方」。之前生產者掌控一切，而未來是消費者決定一切。

消費者開始掌握商業的主動權之後，將有海量的品牌出現，這些品牌將非常善於聚眾，它們用內容和使用者建立起強關聯，並懂得如何妥善運用群眾的力量，每一句話都蘊含了發動群眾的藝術。

綜上所述，做品牌的邏輯變了，建管道的邏輯變了，獲客方式也變了，如今，很多公司、產品都可以從頭再做一遍。有大破才有大立，萬物凋謝之日也是其復甦之時。做生意的方式變了，緊握舊地圖、固守舊思維發現不了新大陸。你還在原地踏步嗎？

認知稅

作　　者　水木然
封面設計　楊絃維
內頁排版　游萬國
特約編輯　羅煥耿
總 編 輯　陳毓葳
社　　長　林仁祥
出 版 者　沐光文化股份有限公司
發　　行　沐光文化股份有限公司
　　　　　台北市大安區安和路 2 段 92 號地下 1 樓
電　　話　(02)2805-2748
　　　　　E-mail：sunlightculture@gmail.com
印　　製　呈靖彩藝有限公司　電話：(03)322-7195
總 經 銷　大和書報股份有限公司
　　　　　電話：(02)8990-2588　傳真：(02)2299-7900
　　　　　地址：新北市五股工業區五工五路 2 號
　　　　　E-mail：aquarius@udngroup.com
定　　價　330 元
初版一刷　2022 年 5 月

國家圖書館出版品預行編目 (CIP) 資料

認知稅 / 水木然著 .
-- 初版 . -- 臺北市 : 沐光文化股份有限公司 ,
2022.05
　面； 公分
ISBN 978-626-95577-3-8(平裝)

1.CST: 認知心理學 2.CST: 自我實現 3.CST: 成功法
176.3　　111003567